耕耘不辍　初心如磐

——李志清先生从教55周年纪实

刘洪东　主编

山东大学出版社
SHANDONG UNIVERSITY PRESS
·济南·

图书在版编目(CIP)数据

耕耘不辍　初心如磐:李志清先生从教55周年纪实/刘洪东主编.—济南:山东大学出版社,2023.7

ISBN　978-7-5607-7875-4

Ⅰ.①耕…　Ⅱ.①刘…　Ⅲ.①李志清-先进事迹　Ⅳ.①K825.46

中国国家版本馆CIP数据核字(2023)第134663号

责任编辑　孙艳凤　李璐
封面设计　蓝海文化

耕耘不辍　初心如磐——李志清先生从教55周年纪实
GENGYUN-BUCHUO CHUXIN-RUPAN

出版发行　山东大学出版社
社　　址　山东省济南市山大南路20号
邮政编码　250100
发行热线　(0531)88363008
经　　销　新华书店
印　　刷　山东蓝海文化科技有限公司
规　　格　720毫米×1000毫米　1/16
　　　　　14印张　8插页　270千字
版　　次　2023年7月第1版
印　　次　2023年7月第1次印刷
定　　价　56.00元

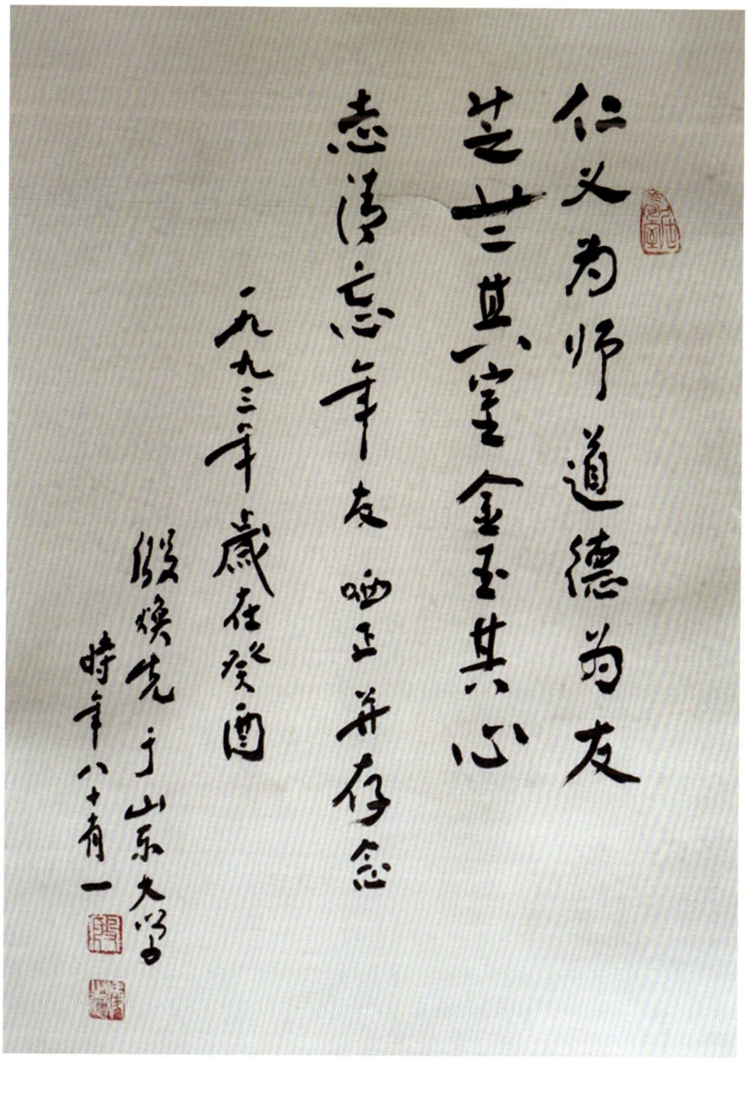

殷焕先教授(1913～1994)为李志清教授的忘年友,对于后者有甚高评价。殷焕先先生,江苏省六合县人,我国现代著名语言学家、教育家,山东大学著名教授,在古今汉语诸多领域都有极深造诣。

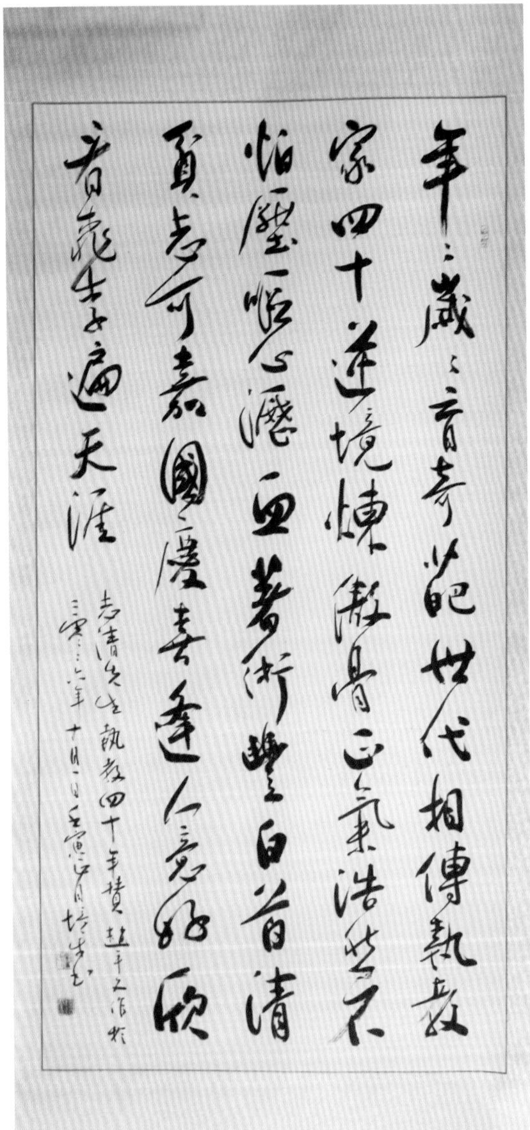

赵平文教授*赞志清先生执教四十周年

*赵平文，曾任山东大学外国语学院党委书记，对李志清教授的学识与人品有极高评价。

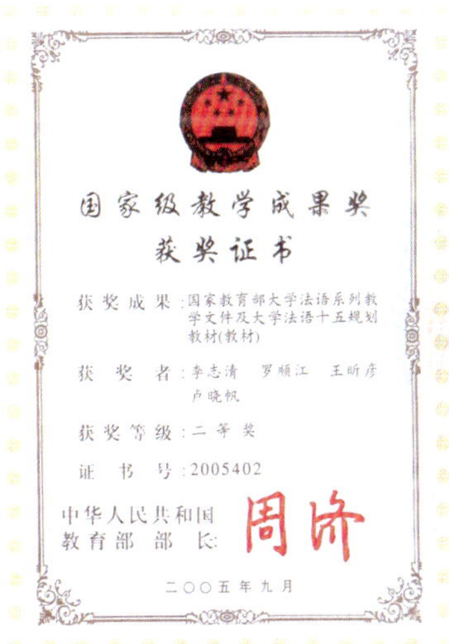

国家级教学成果二等奖获奖证书及奖章

首届全国优秀教材建设先进个人获奖证书及奖章

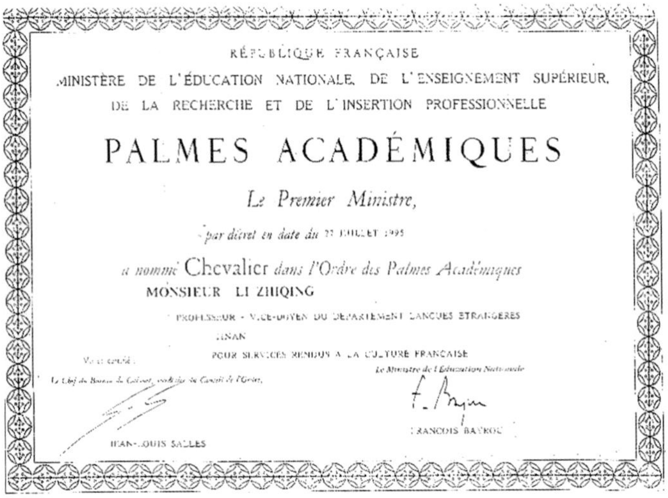

RÉPUBLIQUE FRANÇAISE

MINISTÈRE DE L'ÉDUCATION NATIONALE, DE L'ENSEIGNEMENT SUPÉRIEUR, DE LA RECHERCHE ET DE L'INSERTION PROFESSIONNELLE

PALMES ACADÉMIQUES

Le Premier Ministre,

par décret en date du 27 JUILLET 1995

a nommé Chevalier *dans l'Ordre des Palmes Académiques*

MONSIEUR LI ZHIQING

PROFESSEUR - VICE-DOYEN DU DEPARTEMENT LANGUES ETRANGERES

JINAN

POUR SERVICES RENDUS A LA CULTURE FRANCAISE

Vu et certifié :

Le Chef du Bureau du Cabinet, secrétaire du Conseil de l'Ordre,

JEAN-LOUIS SALLES

Le Ministre de l'Éducation Nationale

FRANCOIS BAYROU

法国金棕榈骑士勋章证书

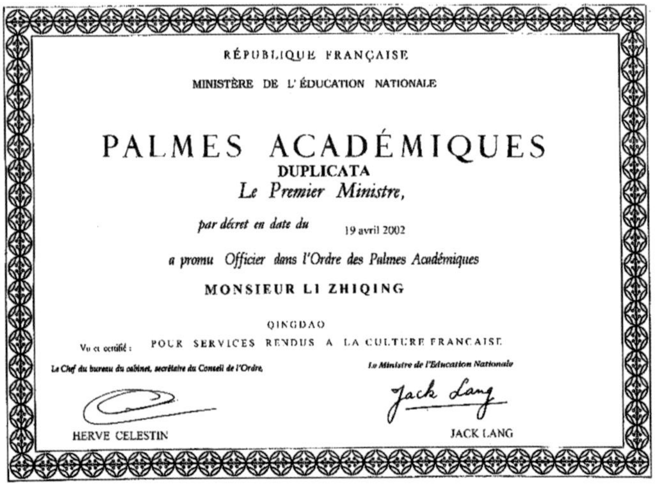

RÉPUBLIQUE FRANÇAISE

MINISTÈRE DE L'ÉDUCATION NATIONALE

PALMES ACADÉMIQUES

DUPLICATA

Le Premier Ministre,

par décret en date du 19 avril 2002

a promu Officier dans l'Ordre des Palmes Académiques

MONSIEUR LI ZHIQING

QINGDAO

Vu et certifié : POUR SERVICES RENDUS A LA CULTURE FRANCAISE

Le Chef du bureau du cabinet, secrétaire du Conseil de l'Ordre,

HERVE CELESTIN

Le Ministre de l'Éducation Nationale

JACK LANG

法国金棕榈军官勋章证书

RÉPUBLIQUE FRANÇAISE

MINISTÈRE DE L'ÉDUCATION NATIONALE

PALMES ACADÉMIQUES

Le Premier ministre,

par décret en date du 1er février 2013

a promu Commandeur dans l'Ordre des Palmes académiques

Monsieur Zhiqing Li

QINGDAO

POUR SERVICES RENDUS A LA CULTURE FRANÇAISE

Vu et certifié :

Le chef du bureau du cabinet,
secrétaire du Conseil de l'Ordre

Jean-Jacques LADVIE

Le ministre de l'éducation nationale

Vincent PEILLON

法国金棕榈统帅勋章证书

法国金棕榈骑士勋章

法国金棕榈军官勋章

法国金棕榈统帅勋章

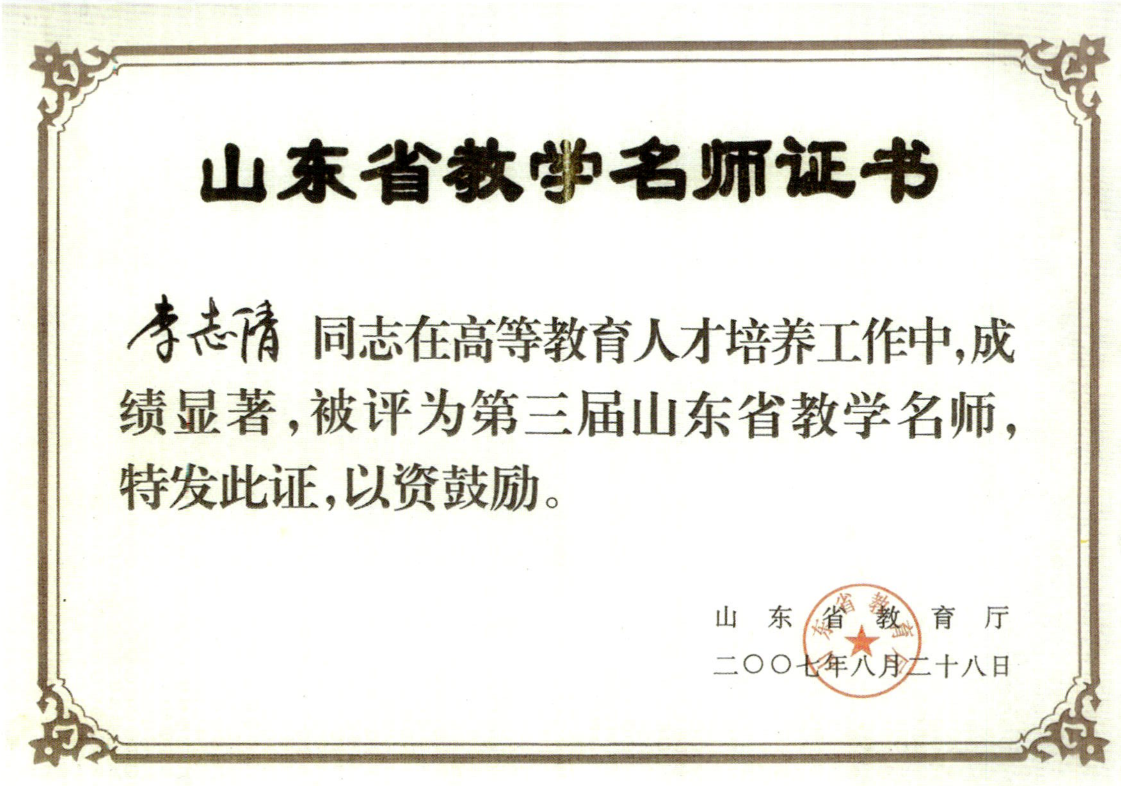
山东省教学名师证书

李志清 同志在高等教育人才培养工作中，成绩显著，被评为第三届山东省教学名师，特发此证，以资鼓励。

山东省教育厅

二〇〇七年八月二十八日

山东省教学名师证书

1992年版和2002年版《大学法语教学大纲》

2004年版和2012年版《大学法语四级考试大纲》

普通高等教育"十五""十一五""十二五"国家级规划教材

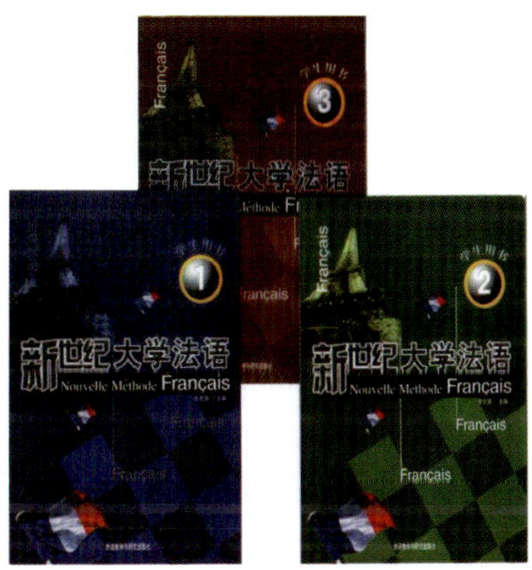

普通高等教育"十五"国家级规划教材

UNIVERSITÉ
PARIS 7 - DENIS DIDEROT

Chapitre 31 - 11 11-40

Le Président,

VU Le décret n° 2002-1069 du 6 août 2002 modifiant les décrets n° 85-733 du 17 juillet 1985 relatif aux maîtres de conférences et professeurs des universités associés ou invités et n° 91-267 du 6 mars 1991 relatif aux enseignants associés ou invités dans certains établissements d'enseignement supérieur relevant du ministre chargé de l'enseignement supérieur

VU La proposition de la commission de spécialistes de la 28 ° section

VU Les délibérations du conseil d'administration en formation restreinte

VU La circulaire du ministère du budget du 30/09/2003 et après vérification par le service du personnel de la conformité des documents liés à la réglementation des enseignants étrangers exerçant une activité rémunérée sur le territoire français

ARRETE

ARTICLE 1

M. Zhiqing LI

est nommé(e) en qualité d'enseignant invité

à temps plein

sur l'emploi 25PR2242 sur le contingent RI pour une période de 1 mois

à l'Université Paris 7 – Denis Diderot pendant l'année universitaire 2005/2006 sous réserve que

l'emploi précité demeure vacant ou bien inoccupé par son titulaire durant cette période.

ARTICLE 2

L'intéressé(e) percevra une rémunération calculée sur la base

de l'indice brut C-1

afférent au 3e échelon de la 1ère classe des Professeurs

CACHET DE L'ETABLISSEMENT
Pour le Président,
et par délégation le Secrétaire Général
de l'Université Paris 7 – Denis Diderot

G. ROQUEPLAN

Paris, le 30/06/05

巴黎第七大学客座教授聘书

Liberté • Égalité • Fraternité
RÉPUBLIQUE FRANÇAISE

PRÉFECTURE DU FINISTÈRE

PROTOCOLE D'ACCUEIL D'UN CHERCHEUR OU ENSEIGNANT-CHERCHEUR ETRANGER

En vue de l'admission au séjour en France, en qualité de scientifique, d'un ressortissant étranger non ressortissant de l'Union européenne ou de l'espace économique européen, invité par un organisme français agréé à cet effet, pour y exercer une activité de recherche ou d'enseignement de niveau universitaire.

L'organisme désigné ci-après:

Nom (en capitales): UBO
Adresse: 3 rue des Archives CS 93837
29238 BREST
Responsable
Nom: Monsieur Jean-Claude BODERE
Qualité (directeur, président, etc.): Président de l'Université

Certifie qu'il accueille en qualité de chercheur ou universitaire:

Nom (M,. Mme; Melle,): LI
Prénom(s): ZHIQING
Date de naissance: 06/04/1944 Lieu: Shangai
Nationalité: chinoise
Domicile actuel: QINGDAO (Chine)

Qualité: Professeur
Organisme employeur ou établissement d'enseignement supérieur fréquenté:
Université Océanique de Chine

Pour le séjour suivant:

Objet (descriptif détaillé):
Participation aux cours de Master 2 Recherche et cours et conférences à la Faculté des Lettres

Dates prévues du: au 1er trimestre 2005 au: pour 1 mois
Adresse pendant le séjour:
UFR Lettres et Sciences Sociales
20 rue Duquesne BP 814 - 29285 BREST Cedex

Et que la personne désignée ci-dessus justifie des ressources requises pour couvrir ses frais de séjour et assurer sa couverture sociale et son rapatriement dans son pays d'origine.

Certifié exact,
à Brest , le 1er décembre 2004

Signature du responsable de l'organisme d'accueil.

Le Président de l'Université
de Bretagne Occidentale

J C BODERE

4, rue Sainte-Thérèse - 29320 Quimper Cedex
Téléphone 02 98 76 29 29 - Télécopie 02 98 52 09 47 - e.mail : courrier@finistere.pref.gouv.fr

西布列塔尼大学客座教授聘书

ACADEMIE DE RENNES UNIVERSITE DE RENNES 2 HAUTE BRETAGNE

PROCES-VERBAL D'INSTALLATION

De Monsieur LI Zhiquing

Dans les fonctions d'enseignant invité ;

LE PRESIDENT DE L'UNIVERSITE DE RENNES 2 - HAUTE BRETAGNE

soussigné

VU :

VU :l'arrêté rectoral de nomination en date du 9 novembre 2000;

DECLARE

Monsieur LI Zhiquing

NOMME

dans les fonctions d' ENSEIGNANT INVITE à temps complet
(CHINOIS)

à l'Université de RENNES 2

à compter du 22 novembre 2000 et jusqu'au 21 janvier 2001

Emploi : 14 MCF 0405

A RENNES, le 23 NOV. 2000

LA PREMIERE VICE-PRESIDENTE,

J. SAINCLIVIER

LE FONCTIONNAIRE INSTALLE,

雷恩第二大学客座教授聘书

UNIVERSITÉ DU SUD
TOULON - VAR

LE PRESIDENT

VU le décret n°84.431 du 6 juin 1984 modifié, relatif aux statuts du corps des Professeurs des Universités et du corps des Maîtres de Conférences ;

VU le décret n° 85.733 du 17 juillet 1985 modifié, relatif aux personnels enseignants associés ou invités dans les établissements d'enseignement supérieur et de recherche relevant du ministère de l'éducation nationale de la recherche et de la technologie, notamment l'article 7 ;

VU le décret n° 2002-1069 du 6 août 2002 relatif aux enseignants invités notamment l'article 15 ;

VU l'arrêté du 7 mars 1985 modifié relatif à l'échelonnement indiciaire de certains personnels de l'enseignement supérieur ;

VU la proposition de nomination formulée par les instances compétentes de l'Université du Sud Toulon -Var ;

A R R E T E

ARTICLE 1er – **Monsieur LI Zhiqing** Né le 06/04/1944
De nationalité chinoise est nommé en qualité d'enseignant invité, à plein temps, à l'Université du Sud Toulon-Var
Pour une période de **1 mois**, au cours de **l'année 2008**.
Sur l'emploi de Professeur des Universités **03 PR 0408**.
Sous réserve que ce dernier demeure effectivement vacant ou inoccupé par son titulaire, durant cette période.
Imputation budgétaire : 015099YH

ARTICLE 2 – L'intéressé percevra le traitement afférent au 2ème échelon – chevron B1 de la 1ère classe du corps des Professeurs des Universités (indice brut : 1217).

ARTICLE 3 – La Secrétaire générale est chargée de l'exécution du présent arrêté.

Fait à la Garde, le 15 septembre2008

Le Président
de l'Université du Sud Toulon-Var

Laroussi OUESLATI

AMPLIATIONS :
Intéressé
Etablissement
Chancellerie

BP 20132 – 83957 LA GARDE CEDEX – TELEPHONE 04 94 14 20 00 - TELECOPIE 04 94 14 25 04 - www.univ-tln.fr

土伦大学客座教授聘书

PRÉSIDENCE DE L'UNIVERSITÉ
DIVISION DE LA RECHERCHE
ET DES ÉTUDES DOCTORALES

UNIVERSITÉ DE NANTES

Nantes, le 7 septembre 2011

Le Président de l'Université de Nantes

à

Monsieur Zhiqing LI
Professeur
Université Océanique de Chine
XiangGangDongLu23hao-FuShanXiaoQu
GaoXinJiShuChanYeZhongXinDaLouXiCe5Ceng
QINGDAO – 266071
République de Chine

Nos réf : MC/AS/2011/Rech N° 2413
Dossier suivi par : Aurélie SALLIOT
aurelie.salliot@univ-nantes.fr

Monsieur le Professeur et Cher Collègue,

J'ai l'honneur de vous désigner, en exécution de l'article 19 de l'arrêté du 7 août 2006, membre du jury de la soutenance de thèse de doctorat présentée par **Mademoiselle Xiaoqiang WU**

dans la discipline : Sciences du langage - Spécialité : Didactique des langues et des cultures

sur le sujet suivant : "Comment optimiser l'acquisition du « sens de la langue » chez l'apprenant ? – Intégration de l'enseignement chinois de FLE en Chine."

Composition du jury :

Monsieur Joël BELLASEN	- Professeur INALCO Paris
Madame Jacqueline FEUILLET	- Professeur Université de Nantes
Monsieur Zhiqing LI	- Professeur Université Océanique de Chine à Qingdao (Chine)
Monsieur Hervé QUINTIN	- Professeur Université de Nantes

Cette soutenance aura lieu le :

Lundi 19 septembre 2011 à 14 heures
Salle de Conseil du CIL - Bâtiment du CIL
Faculté des Lettres et Sciences Humaines
Chemin de la Censive du Tertre
B.P 81227 – 44312 NANTES CEDEX 3
Tél : 02 40 14 10 10

Je vous adresse sous ce pli un exemplaire des rapports établis sur les travaux du candidat. L'exemplaire de la thèse qui vient en soutenance vous a directement été remis par le candidat.

Les membres du Jury sont appelés à désigner parmi eux un président et un rapporteur. J'appelle votre attention sur la nécessité de déposer le rapport de soutenance de la thèse signé de tous les membres du jury aussitôt après la délibération. En effet, cette pièce conditionne la délivrance de l'attestation de diplôme nécessaire aux candidats.

Je vous prie de croire, Monsieur le Professeur et Cher Collègue, à l'expression de mes meilleurs sentiments.

Pour le Président et par délégation
Le Vice-Président du Conseil Scientifique

Jacques GIRARDEAU

UNIVERSITÉ DE NANTES B.P. 13522 - 44035 NANTES Cedex 1

1 quai de Tourville
BP 13522 • 44035 Nantes CEDEX 1
Tél. 33 (0)2 40 99 83 83 • Fax 33 (0)2 40 99 83 92
recherche@univ-nantes.fr

南特大学博士论文答辩邀请函

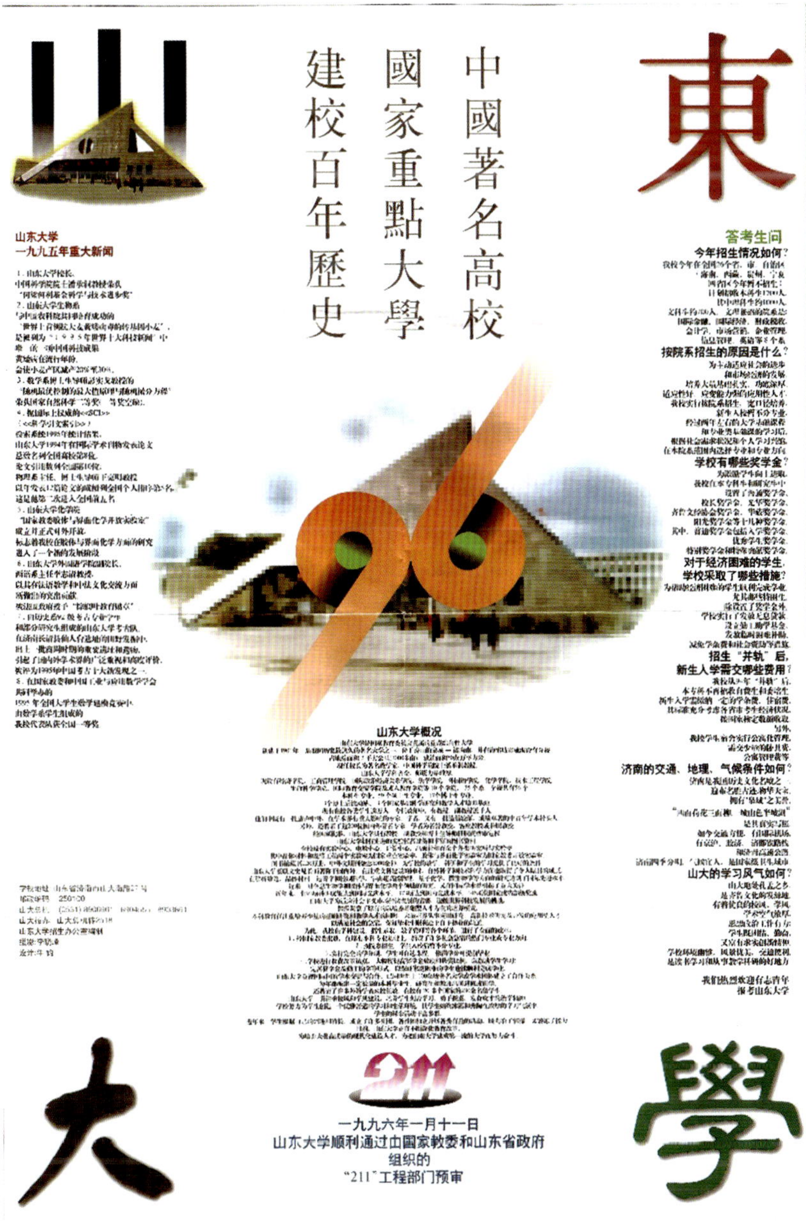

李志清教授被法国政府授予金棕榈骑士勋章列入山东大学1995年重大新闻

2020年2月3日意大利那不勒斯大学讲座海报

自说自话八十载(代自序)

李志清

子曰:“吾十有五而志于学,三十而立,四十而不惑,五十而知天命,六十而耳顺,七十而从心所欲,不逾矩。”

——孔子《论语·为政》

李志清教授于上海故居

我1944年4月6日出生于上海善钟路(现常熟路)荣康别墅6弄124号(现更改为112弄)。儿时在上海的记忆已经全无,零零星星知道的全是从父母或哥哥姐姐们那儿听说的。解放战争期间,父亲屡屡被通缉,后又被国民党逮捕,母亲带我们兄弟姐妹五人返回天津祖父家。1949年天津解放前夕,不知为何我还清晰地记得爷爷家的玻璃都贴上了米字纸条。1949年由天津返回上海,1950年又从上海前往济南的记忆几乎全无。父亲在山东工学院(现已合并到山东大学)任教时,我们住在平房中,那时千佛山脚下还有野狼出没。记得有一次下着鹅毛大雪,我去食堂打饭,锅盖被风刮跑,我去追赶,听见狼的嗷呜,吓得从此夜幕降临后再也不敢出门了。在济南似乎曾经很短暂地在三河街小学就学。再往后的都是在上海江湾路第二小学读书的零星记忆了。那时,上海学校上课均用上海话,至今我的很多词发音还不正确。在中国海洋大学任教时有一位姓邵的女生时常课上课下纠正我的错误发音(尤其是四声),好在我极少在课堂上用汉语。小学时有一位叫王德的语文老师,梳着“大背头”,上课时摇头晃脑,颇有些老夫子的样子,他可能就算是我的启蒙老师了。1953年,我们迁往虹口区祥德路208弄(数所高校高级知识分子的宿舍),院内有一块不错的草坪,放学后做完作业即可去那儿踢球。我天生是块踢足球的料,一发而不可收:小学、中学直至大学再也没有离开过校队。儿时我最好的朋友叫柴大龙。除踢球和做作业外,其他所有时间都与他在一起。我们从制作矿石收音机到五灯机(电子管的,线路用的似乎是红灯牌收音机的),其间还各自安装了一台发报机,楼上楼下电报往来。父亲与我们孩子很少交流,但知道我喜好制作电子收音机后,还不时奖励点小钱,那时为了省钱连线圈都是自己用漆包线缠制的。我和柴大龙经常徒步去虬江路旧货市场购买电子旧零件。柴大龙后来考上了上海机械学院,毕业后分配到四川绵阳内燃机厂。2020年,我在侄子李永的陪同下重返故居。儿时踢球的草坪盖上了楼房,经常爬的树、几乎天天翻越的篱笆墙都已经消失殆尽。最为伤痛的是获知柴大龙一个月前刚刚去世,好不心酸。柴家住在我们家楼上,这条消息是他的弟弟柴三胜告知的。

1956年,我考入上海复兴中学,那是一所相当不错的中学。学校前身是"麦瑟尼克"学校,始建于1886年。1946年抗战胜利后,学校重建,定名为"上海市复兴中学"。校名"复兴",含"复兮旦兮,兴我中华"之意。我的两个姐姐也都先后在这所中学就学。不知为何当时实行半日制,一间教室两个班使用,虽然相互不见面,却时时为一些小事产生纠纷。和我们共同使用同一间教室的是高一学生。我和另外几个喜好"耍文弄墨"的男生商榷与高一学生利用板报展开笔战,相互攻击。为使文风辛辣、文思敏捷,我开始阅读并模仿鲁迅的作品。那阶段我的文笔似乎大有提升。复兴中学留给我极深的影响,该校的课程设置无论过去还是当下"绝无仅有",极其注重学生动手能力的培养:初一学习木工,初二学习钣金工……高三学汽车修理。记得学习"动物学"时,4人一组解剖过青蛙、麻雀、鸡等动物。那时的初中生太幸福了:下课后就在学校旁的甜爱路上踢足球,摆上两个书包就是球门。父亲藏书左图右史自然也影响了我,我和大妹妹李志新将零花钱都用来购买各国民间故事和著名童话故事,而且按照自己的规则编目"入库"。由此,产生了我的第一个憧憬:长大了当图书馆馆长。我们居住的是上海高校高级知识分子的宿舍,时常会有些"名人"光顾,对我影响较大的有一些复旦的文史教授以及父亲称之为坚信"第三条道路"(父亲对此是竭力反对的)的傅雷先生。父亲经常强调"不打不成器",不时以傅雷如何严加管教傅聪为例。父亲对傅雷的翻译作品,尤其是他翻译态度的严谨赞不绝口,称之为中国翻译界第一人。后来报考上外法语系或许也是受此影响。

1957年，父亲因为历史复杂，受到审查。后来多亏教育部李正文司长（新中国成立后复旦大学第一任党委书记）和人民日报社总编张惠卿先生为他做证，方始过关。审查结束后，父亲决心离开复旦大学，1958年举家搬迁至曲阜师范学院。按照母亲的说法，父亲一生“好棋”为数不多，“臭棋”屡见不鲜，但由复旦大学去曲师大导致他“全盘皆输”。当时的曲师大附中没有初三，我就被父亲安排至上海嘉定第二中学，托付给他的好友石峰先生。石峰是笔名，他原来姓王，因此我们兄弟姐妹称之为“王叔叔”。尽管嘉定二中也是一所不错的中学，但较之复兴中学相去甚远。初三由市区转到郊区，初始时十分不适应。首先是语言。市区的上海话与嘉定话的语调相去甚远，除此之外饮食也格格不入。母亲能制作一手精美的饭菜，可谓色香味俱全，在与父亲交往的上海文化界颇有名气。但去了嘉定二中，我需要住集体宿舍、吃食堂，确实有点天地之别。好在我的足球天赋很快就被发现，没几天就被选入校队，每天的训练填补了不少“空虚”。另外，学校后面有条小河，我常常在那儿游泳。到了高中，情况大有好转，同学中精英苗子比比皆是。老师都不是凡夫俗子：英语老师新中国成立前在洋行工作，说得一口漂亮的英式英语，他教过的几首英语歌曲至今还是我在“联欢会”上的保留节目，如《老黑奴》（*Old Black Joe*）、《永远团结》（*Solidarity Forever*）等；几何和三角老师原来是国民党部队的炮兵团长；语文老师毕业于复旦大学，经常要求我们去南翔镇听评弹、赏昆曲；王叔叔（石峰老师）教授历史完全不亚于大学老师，许多问题颇有见地，我经常与之讨论乃至争论不休。他不像父亲那样自命不凡，我们颇有点好似“忘年交”。下围棋时，他还经常会耍赖、悔棋。我则坚持：什么棋都可以悔，唯独围棋万万不可，牵一发而动全身。围棋也锻炼了我思考问题的严谨性，培养了我的“心静气定”、“沉着冷静”、“百折不挠”和“出奇出新”等精神。我考入上海外国语学院后，他有时还会骑着自行车由南翔去上外找我下围棋。在嘉定二中我也算是个“才子”：因为曾在儿童文学报刊上发表过小短文，可惜的是全部丢失了。

李志清教授父母

我每年寒暑假都在曲阜师范学院度过。1962年暑假，正在大操场上踢球，小妹妹李志远大喊大叫地告知:“二哥,你被上海外国语学院录取了!”这条消息着实轰动了曲师大院:“李毅夫的儿子第一个考取了大学。”1962年,正值困难时期,升学率极低。当时上外学校规模甚小,只有1000余学生。法语系又是我心驰神往的专业,嘉定二中报考该校的不在少数,另有一位十分傲慢的男生被上外英语专业(他的第一志愿也是法语专业)录取。该人嫉妒心十足,从此与我断绝了来往(后来据说不知何故自杀了)。在上外期间,课后除了校足球队的训练外,所有的时间我都用来学习。

上外老师大多发音纯正、口语流利。大学一年级时,我们还有一个法国女外教,尽管她没有什么学历,但是地道巴黎人,一年级就教我们唱歌、猜谜语、听故事、做游戏等。这种学习法语的方法对我帮助甚大,因此无论是在山大还是海大我一定会在一年级就安排一个外教,如法炮制。这两所学校的本科生后来考研深受其他学校的欢迎,与此不无关系。当时老师的教学方法因人而异,学校并无硬性规定。一年级时我们的精读老师沈志明先生在夏收夏种时(当时每逢6月,学生都必须下乡支援夏收),天天晚上在繁星点点的夜空下为我们只学了几个月的学生用法语讲授《悲惨世界》。沈先生成为我终生的教学楷模。三年级时的精读老师是岳先生,他的法语应该说无可挑剔(据说他出生在法国直到大学毕业方才回国),但上课坐着,毫无“精神头”,我自觉收获寥寥,我和几个学习比较好的同学就在下面看法国小说。这位老师“自说自话”了两个学期,精读课的收获甚微。我成为老师后决心绝不坐着上课大约缘于此。三年级另外有一位梁保罗先生负责泛读课,他基本不会汉语(只会讲一点点粤语),上课时经常补充西方文化知识,深受同学们的喜爱。“文化大革命”开始时,因为他在讲授希腊神话时说过,希腊战争常常由美女而致,被造反派好生地整治了一番。而那位教精读的先生“文化大革命”期间毫发无损,因为大家根本不知道他上课在教什么。四年级教精读的是年轻的周文龙老师,文质彬彬、博闻强记,遣词造句几乎都是典雅法语(le français soutenu)。学生在上外图书馆只能借阅20世纪前的法国原著(20世纪的法语原版书不对学生开放),周老师经常偷偷地借给我20世纪的作品。周老师独身,因而我经常与他交流,受益匪浅。据说改革开放后他去了加拿大,再也没有回来过。

自大三开始,我每周(包括岳先生的课上)阅读一本法语原著,大学期间按照法国文学史几乎通读了20世纪前法国主要的文学名著。在班上被称为“书蠹头”。我和交往最多的同学何友其(据说后来去美国任教法语),每到星期天必去福州路的外文旧书店,购得不少好书,其中有不少NELSON版本。我调入山东大学时,时任外语系主任张建教授在我家看到NELSON版本的*Le Petit Chose*(《小东西》,都德的名著)爱不释手,颇有索要的意思,我自然装傻,因为那是我学生时代的“床头”读物! 何友其不甚喜欢法国文学,而酷爱欧洲哲学。从外文旧书店出来,我们就在附近找个饭馆享受一顿,一般是两人一瓶黄酒。有时因买书之故,囊空如洗,只好干啃馒头。如果不是“文化大革命”,我们的大学生活一定是“如鱼得水”“师逸功倍”。1965年,在江苏昆山参加社会主义教育运动6个月,我在参加社教期间被那些老队员“熏陶”得抽上了香烟,直到1978年去非洲援外前才戒掉。

我们本该在1966年7月毕业,据说分配方案已经制定,我被内定分配在对外文委。1966年至1967年7月在学校参加“文化大革命”,我自知家庭出身不好,宁可当“逍遥派”。1967年7月,突然通知有4个单位需要法语毕业生,其中有一个西安外国语学院的名额。大多数同学根本不愿意去西安,只想留在大城市。而我颇有“自知之明”,决心前往西安。1967年,复课闹革命,我也算是踏上了法语讲台。十年动乱一言难尽,先后在安徽城西湖军垦农场、山东鱼台农机修造厂和济宁农机研究所锻炼改造,但我的人事档案关系始终在西安外国语学院。山东鱼台县可谓山东最为贫穷的县之一,由当地人的问好礼仪可见一斑:无论是与何人相遇,问候语必定是:“缺钱花吧?”不仅有语言还有动作:解开外衣第一只纽扣,认真地掏内衣口袋。对方的答复必然是:“不缺! 不缺!”那时我常常会胡思乱想,要是对方不着调回答“缺钱”该如何办? 对此,我和妹妹李志远还不时演练一番,唯恐忘却。

儿时的动手能力在鱼台农机修造厂可谓“物尽其才”,令我“大显身手”。起初我只是一名普通钳工,但很快成为一名手艺精良的装配钳工:我能花哨地用锉制作精密的“键”(一种连接件),几乎所有的机床我都会使用。中学几何三角学习打下的基础,使我与其他机械专业毕业的大学生相差无几,很快又被调往技术科。其间制定了手扶插秧机的全套生产工艺并完全自主设计了一台行车吊。据说这台行车吊迄今还在运转中。1975年,我调至济宁农机研究所负责科技情报,竟然与他人合作设计了一台“无动力输出旋转钉齿耙”。1978年,为此参加了省科技大会,结识了山东大学的党委书记孙汉卿,生平第一次遇到了“伯乐”。孙书记当机立断调我进入山东大学。我当时的人事档案还在西安外院，该校扣留我的档案不放，孙书记要人心切，竟然让我没有档案直接进入山大，至今我对孙书记感激涕零。

入职山大后不久就被派往毛里塔尼亚体育场专家组任翻译。我工作上兢兢业业，平日谦虚谨慎，对待工人有求必应，公认是个“好翻译”。最值得追忆的是“火线入党”。毛里塔尼亚全国复兴军事委员会发动政变。政变那天工地上有本地工人300余人，外面枪林弹雨，如何将这批本地工人送回家成为难题。领导小组迟迟没有做出决定，最后令我也参加会议。鉴于工地上既无如此之多的食品，更无供他们过夜的宿舍，我提出由我和另外一人驾车开路送他们返回。专家组组长周正(时任山东省体委副主任)犹豫许久，同意了我的意见。但按照当时的规定，外出必须三人同行，没有想到始终无法找到愿意与我同行的其他两人。组长最后决定由我一人独行，出了问题由他负责。我驾驶一辆北京吉普(平时给我配的是“Land River”，工人称之为“浪荡外”)，手持一面中国国旗，后面跟着七八辆满载当地工人的大卡车，浩浩荡荡驶出工地。离工地几百米外已经看到一些荷枪实弹的士兵，但这些士兵一见北京吉普和我手持的中国国旗一律放行。穿过努瓦克肖特市中心时可以说冒着枪林弹雨，虽然持续的时间很短。当地工人一到贫民窟(法语称为“bidon ville”，用汽油桶搭建的房屋组建成的贫民窟)，我就返回驻地了。3天后，政变结束。中国驻毛里塔尼亚大使赵源先生逐个专家组慰问。在体育场组询问本地工人如何送出工地时，周正主任讲述了我的那段经历。赵源大使早已与我相识，因为他需要了解当地政府部门和民间的信息，但我们从未畅谈过家事。这次刨根问底地了解起我的经历。当他知道我不是党员时(其实我连共青团都没有加入过)，立即拿起电话让外交部直接向山东大学调取我的档案材料，准备发展我入党。记得党员会议那天，大家对我一片赞誉，此生此世从未被如此郑重其事地让众人称誉过。那天，我表面上淡静如竹，实则内心忐忑不安：“这哪能是李志清?”其间，突然有名工人发问：“听说李翻译出身不好，是否应该谈谈对于家庭的认识?”这句话使我“心惊肉跳”，要知我对于父亲的复杂历史真可以说一无所知。没想到“老八路”大使拍案而起：“×××!(粗话)政变那天你为什么没陪李翻译送工人?组织上已经调查清楚，李翻译无须交代。现在表决!”全票通过！如此这般的共产党老干部我终生难忘。赵源大使是位实实在在"不忘初心"的共产党好干部！那年我34岁，也算"三十而立"了吧。外交部给山东大学发了一封表彰公函，从此我在山东大学成了"名人"！

毛里塔尼亚总统视察体育场工地

前排左起：中国驻毛里塔尼亚赵源大使、毛里塔尼亚总统、山东体委副主任周正、李志清

在毛里塔尼亚还有件难以忘怀的事。1979年，萨马兰奇（Juan Antonio Samaranch）前往建设中的努瓦克肖特奥林匹克体育中心。萨马兰奇平易近人，除去为他翻译外，他还不时与我闲聊，了解中国。在分手时，他对我的法语大加赞扬了一番，而后悄悄地耳语道："李先生，体育场（的灯塔）不能用'phare'，那是在海上导航用的，体育场的要用'projecteur'（探照灯）。'"我面红耳赤，无地自容。之后常常用这个例子告知我的学生：只用法汉或汉法词典万万不可，务必还要使用法汉、法法双解词典，乃至法语原版词典，方能正确理解法语单词的意义。

在山大的初期，我主要承担英语教学。我的英语基础还算比较厚实，发音也算正确（这大约是父亲和我中学在洋行工作过的英语老师的功劳），强项是词汇量大，乃至超过当时那些英语专业毕业的大外教师。山大著名的俄裔教授金诗伯看中了我，就这样我成了他的副手（任大学外语部副主任）。金教授十分敬业，后来积劳成疾，生了重病。他的两门研究生课程（"英语教学法研究"和"英语教学流派研究"）无人接手，我只好"勇挑重担"了。课程全程英语授课，备课笔记全部是英语，迄今还保留着。我的教学法基础和考试学基础就是在那时候打下的，英语水平也有所提高。我几乎全程参加了我国第一部《大学英语教学大纲》的制定，这为我后来负责制定《大学法语教学大纲》奠定了坚实的基础。

改革开放初期，我刚到40岁，“指点江山”“血气方刚”，被认为是山大最年轻且最“冲”的处级干部。我上任时，时任校长中科院院士邓从豪(1926－1998)先生亲自到大学外语部宣布我的任命。记得邓校长对我大加赞扬，并且给我打气助威：“李志清老师，我信得过。大家有意见可以当他面提，他不接受可以找我，但背后议论统统放屁!”这样直率的校长，现在恐怕所剩无几了！那时年轻气盛，又值改革开放初期，我在山大一次干部会议上提出，在教师中采取末位淘汰制，参会的中层以上干部理论上虽然认可我的提案，但绝大部分最后还是反对。这次会议上只通过了我的另外一个提案：学生直接参与对教师的教学评价，教务部门每5年向任课教师通报一次学生评估结果，以此促进本科教学。据说这一举措在山大坚持至今。我当时得到山大一些老教授的喜爱，其中有音韵学家殷焕先先生。我和他是在山大新校外的啤酒摊上结交的，渐渐成了忘年交。他对我赞誉有加，1993年为我作诗如下：

> 仁义为师，道德为友。
> 芝兰其室，金玉其心。

我这也算是“四十而不惑”了吧？

除了“文革”十年外，我先后在西安外国语学院、山东大学和中国海洋大学任教，无论教授英语还是法语，我始终认为外语专业培养能够用外语进行中外各个领域沟通的“中国通”“外国通”是首要的职责。无论在哪所学校，我都要求教师在一年级语音阶段过后开始用法语授课，努力营造外语气氛。我自称“疯狂教书匠”，在山东大学任教时最多授课课时数达每周30学时。中央电视台法语台采访我时问及我教书的最大体会是什么的时候，我竟然出口成章地即时吟英文“诗”(顺口溜)一首，虽然蹩脚，但能部分反映我的教学思想以及对教学艺术的追求：

> In teaching:
> I forget the physical “I”, I teach in a spiritual “I”;
> I forget the present “I”, I teach in a historical “I”;
> I forget the imperfect “I”, I teach in a perfect “I”;

I forget the small "I", I teach in a great "I".

当我教学时，

我会忘掉肉体的"我"，用一个精神的"我"上课；

我会忘记现实的"我"，用一个历史的"我"上课；

我会忘记不完美的"我"，用一个完美的"我"上课；

我会忘记渺小的"我"，用一个伟大的"我"上课。

山东大学设立法语专业时，全国可能不足10个。我这个人除了信奉"老老实实做人，认认真真做事"之外，求新、求变、与众不同始终是我的追求。正因如此，山东大学法语系办得红红火火，有声有色。改革开放初期，山大西语系法语专业已经与昂热蒂森电梯公司[Thyssen Ascenseur (Angers)]、法国电力集团(Électricite de France，EDF)、索菲特大酒店(Sofitel)等法国企业建立了密切联系。法国电力集团与山大法语专业成立了电影俱乐部(Ciné Club)，每周六晚播放一部法国电影。在济法语界人士与山大法语专业学生共同观看一部法国电影，之后法国电力集团的人员对该电影进行讲解，最后进行讨论(débat)。索菲特大酒店不时组织鸡尾酒会(cocktail)，邀请我们的学生和在济的法语国家人员进行交流，出席鸡尾酒会的人员有时能够达到100人左右。与昂热蒂森电梯公司的交流更是值得借鉴：学生轮流在该法国企业实习，我和该企业的两任总经理建立了很好的关系，为使学生能够去法国学习，他们帮我们与昂热的国际扶轮社(Rotary Club)、国际狮子会(Lions Club)和昂热大学(Université d'Angers)建立了联系。法语专业每年可以向这两个"俱乐部"各派遣一名学生到昂热大学学习，在两家"俱乐部"的家庭中居住(一个月换一家)，生活费全免，昂热大学也免收学费。这在当时，乃至如今，绝无仅有。记得为说服各级政府同意该项目，我往返济南—北京近十次。法语专业还办了全国唯一一份法语报纸《两只公鸡》(*Les Deux Coqs*，中国地图像一只公鸡，法国的象征是高卢鸡)，学生姜丹丹(2021年获得法国骑士文化勋章)还将其赠送给法国国家图书馆珍藏。我还兼任德语专业负责人，当时济南只有一家德国企业——西门子变压器厂。德方总经理沃尔夫·艾里克·门泽尔(Wolf-Eric Menzel)，大家都称之为"老门"，与我成为至交。每逢吃鱼，他一定将鱼鳃旁边的那块最为劲道的肉亲自夹给我，他说有"高看一眼"的含义。最为感动的是，他竭尽全力帮助山大获得德国巴伐利亚州的帮助。山东省外办当然"偏爱"青岛大学德语专业(一是因为德国与青岛的历史渊源，二是因为青岛大学是省属学校，山大是教育部部属学校)。结果当然是青大德语系获益(因此青大德语专业至今依然是省内最好的),但"老门"还是竭尽全力帮助山大德语专业,许多年轻教师因此获得赴德奖学金。他也帮助我们与多所德国高等学校建立了校际合作关系。他去世时,其夫人还专门告知我,我用英语发了一封唁电。与"老门"的这段情谊至今难以忘怀。

山大法语专业成立时我就确立了如下基本方针:"法语+英语",加强国际合作以及"语言+专业"。这一方针同样在中国海洋大学法语专业得以贯彻(后来我离开了法语系,这一方针也就戛然而止)。我调入海大,第一件事就是利用自己在法国的关系,迅速为海大到合作伙伴。鉴于法语专业在海大这样一个海洋专业独占鳌头的大学里连生存都十分艰难,我当机立断:首要任务是服务于学校的拳头专业:海洋和水产专业。很快我就促成法国海洋研究院(IFREMER)和法国西布列塔尼大学(号称法国海洋大学)与中国海大建立了合作关系,后来又促成了世界海洋大学联盟。这两件事就奠定了法语专业在海大的基础,取得了管华诗校长的信任,对我几乎做到了"有求必应"。人才培养是首要任务:两位本科生三年修完所有本科课程,两年后又获得法国的硕士学位,再三年后获得博士学位,可谓史无前例。第一届学生中大约一半获得赴法留学的机会,之后海大全部硕士生在国内学习1年后,即可进入西布列塔尼大学或昂热大学撰写硕士论文,答辩通过后即可获得法国和中国的双硕士学位。2003年,我进入海大三年后即开始实施与西布列塔尼大学的联合培养项目:海大任何一个专业的学生在国内学习两年(法语+专业)后即可进入西布列塔尼大学相应专业的二年级,两年后获得法国学士学位,同时也获得了海大的学士学位。之后,他们可以在法国继续攻读硕士和博士学位。管华诗校长极其重视当时这一绝无仅有的项目,法语专业也得到了跳跃式发展,在国内成为不可小觑的、有声有色的知名专业。2007年,法语专业被评为山东省优秀教学团队,我本人被评为山东省教学名师;2008年,"大学法语"被评为国家级精品课程;2010年,法语专业成为山东省品牌专业。在一个海洋特色显著的大学,法语专业能够由零发展到中国当时最为人称道的文科专业之一足以说明一切了。有一次负责教学的副校长在外国语学院开会,有人提出外出学习,这位校长直言道:"不用外出,向李志清教授学习就够了!"这句话着实得罪了许多人。如今,可惜的是海大法语专业青黄不接,辉煌已经不在,着实令人痛心疾首。

我在法语界的"伯乐"是北京外国语大学法语系的陈振尧教授。他受教育部委托筹组"大学法语教材编审委员会"(后更名为"大学法语教学指导委员会”),他通过在北京举办的“国际法语学术研讨会”(我用法语做了“Méthode d'enseignement du français langue étrangère en Chine”的发言)和在贵州举行的“首届大学法语学术研讨会”“相”中了我。2019年,我专程去北京拜访陈先生时,我曾问他当时为何看中了我,他开玩笑道:“慧眼识珠,别无他选!”我自1995年起连续担任三届高等学校大学外语教学指导委员会副主任兼法语组组长,自1996年起担任大学法语四级考试命题组组长至今。受教育部委托制定了三部《大学法语教学大纲》以及三部《大学法语四级考试大纲》。2005年因参与制定诸多国家教学文件和教育部规划教材(《大学法语》等)获得“国家级优秀教学成果二等奖”;2021年(76岁)获得“全国首届优秀教材建设先进个人”。虽然大器晚成,这在法语界也算是“独一无二”,陈先生常常会乐陶陶地说:“我没有看错人!”

“树大招风”“名高引谤”,但我或许已经做到了“五十而知天命,六十而耳顺”,再加上屡屡遇到明智的校长(山大的吴富恒、邓从豪、潘承洞校长和中国海洋大学的管华诗和吴德兴校长)以及一些负责教学或科研的副校长(山大的鹿月理教授和乔幼梅教授以及海大的李巍然教授等),所以我并没有受到什么影响,在海大不断获得校级和省级优秀党员或优秀教师称号。我在外语界常会发表一些标新立异的看法,在一次学术研讨会上我斗胆公开宣称:“外语教师功德无量的三件事:编写精品教材、编撰极品辞书和精译世界名著。”我的观点在外语界备受争议,但我始终如一地坚持这一观点。说一口“洋泾浜”外语,对于中西方文化一知半解,却成为外语学院(系)的名师或院系负责人简直不可思议!我于2005年获得“国家级优秀教学成果奖”,2007年被评为山东省教学名师,2021年获得“首届国家教材建设先进个人”,自认为合格。

“外语是人生斗争的一种武器”(A foreign language is a weapon in the struggle of life),马克思的这句名言我牢记在心。对于这句话里“weapon”一词的定义可能因人而异,我将其理解为“手段”。我一生中充分利用了自己的外语服务于社会,服务于国家,几十年如一日。2000年,在法国与“西藏流亡政府”驻欧洲“代表”汪波巴什(Wangpo Bashi)进行了一场史无前例的辩论,获得了中国驻法国大使馆大使吴建民的首肯,也得到了外交部的表彰。为此,我在法国国家图书馆度过了整整10天,查阅了大量法文与英文资料,制作了100余幅幻灯片(那时还没有PPT),因为所用资料全部出自西方作家的文章或专著,赢得了出席辩论会法国友人的信任。法国爱国华侨陈耀义先生为辩论会准备了茶歇,留法学生会组织了近百名中国留学生“声援”,这一切都保证了辩论会的成功。

达赖集团“欧洲代表”汪波巴什在辩论会后说：他满以为定会将我击败，不料我准备得如此充分，他自认该次辩论失败。从此，我但凡做讲座一般都使用外方资料，以达“以子之矛，攻子之盾”的效果。

法语老师的基本功就是纯正的外语和厚实的中国和语言国的文化知识。有一次在卢浮宫参观，我为教学需要在黎塞留红衣主教的画像前拍照。此时恰好有一法国老妇人带领其孙女（外孙女）路过，老妇人问这个小女孩是否认识画像里的人，小姑娘只有十岁左右，腼腆地摇摇头。我立即过去搭讪：“这可是堂堂的黎塞留红衣主教呀！你要了解他，可以看大仲马的《三个火枪手》。”老妇人马上对小姑娘说：“一个中国人都知道，你一个法国人却不知晓，岂不丢人？”真是无巧不成书，法国鲁昂大学的雨果专家热拉尔·普尚（Gérard Pouchain）恰好路过，惺惺惜惺惺，我们就此成了好朋友。2016年，我们策划在绍兴举办“鲁迅与雨果”法语主题讲座，这项活动带动了绍兴将鲁迅推向世界的活动。

“鲁迅与雨果”法语主题讲座合影

手捧鲜花左起第一人为利奥波特·雨果（雨果第六代亲属），第二人为热拉尔·普尚

一名合格的法语专业教师对于语言国的国情要达到通达谙练的地步，如何方能够做到呢？我个人的经验之一是抓住一切机会深入语言国。有一次从法国返回，我在行李中夹带了一些奶酪。邻座的一位法国人自言自语道：“Ça sent les pieds！”（一股臭脚丫子味！）我礼貌地回答：“我带了些奶酪。”他马上改口：“Ça sent bon！”（味道好好！）我们就此一发而不可收也。对方名叫伊戈尔·扎米歇（Igor Zamichiei），是法国共产党巴黎市委书记，来中国访问。通过他，我结识了大巴黎地区好几个共产党支部，时不时地参加他们的支部活动，深入了

解了法国共产党的现状。

在中法交往中，我努力成为民间大使，为山东省与卢瓦尔河大区和布列塔尼大区建立友好省关系以及青岛市与南特市和布雷斯特市建立友好城市关系做出了重要的贡献，为此还获得了法国布雷斯特“荣誉市民”的称号。证书上写道：“李志清教授身体力行建立(法语原文用的是“编织”，更为具象)我们两市的关系，布雷斯特市为此诚挚地表达谢意。”(La ville de Brest exprime au professeur LI Zhiqing sa reconnaissance pour son engagement à tisser des liens entre nos deux villes.)2003年，海大代表团访问南特市时，正值大区议会开会期间。大区主席雅克·奥谢特(Jacques Auxiette)邀请我在大区议会发言。这完全是即席发言，而且使用法语！我在动身之前当然是要做“功课”的(但并非为本次即席发言)，因而“艺高胆大”，毫不怯场：我从1685年法国路易十四颁发赦令彻底结束宗教战争到南特18世纪成为贩卖黑奴转运中心(这实际是在揭露西方国家不怎么光彩的那段历史)，从罗伯斯庇尔在南特的著名演讲到科幻作家凡尔纳(歌颂一下南特市的光荣历史)，后来还讲到南特足球队的兴衰史，最后讲到南特市所有电车轨道上用的路基石均来自中国，以“在南特，本人经常会沿着电车轨道步行片刻，思念祖国的情愫油然而生”结束我的讲话。我的这段发言获得大区议员们经久不息的掌声。这也成为我要求学生做到“中国通＋法国通”的范例之一。

南特大区议会主席与吴德星校长、李志清教授交谈

右起第一人为南特大区议会主席雅克·奥谢特，右起第二人为吴德星校长

在学术交流上我也尽心竭力：与法国高校(巴黎七大和南特大学)合作编写

教材3套,担任过法国6所大学的特聘教授、4所大学的博士生合作导师,担任青岛法语联盟中方校长十余年。为此,法国政府先后为我颁发金棕榈骑士勋章(1995年)、军官勋章(2002年)和统帅勋章(2012年)。我还有一个十分重要的经验是:对法国友人直来直去反倒会受到尊重。

“七十而从心所欲,不逾矩”倒也十分符合自己的情况。七十岁之后,在海大的工作远远满足不了我的“工作欲”,开始“云游”全国拥有法语专业的诸多高校:从中国人民大学到潍坊学院无不有我的足迹。讲座内容五花八门:对方法语系的需要就是我讲座的主题,确实有点“从心所欲”。但我向来都是认认真真地准备资料,精心制作PPT,努力做到每个观点必有出处。但购书却从年轻时的“随心所欲”到如今“有备”而购。近些年来,研究主要集中在比较文学和国际关系上,因为这都是国家所需。也被国外大学频频邀请:2020年,我动身赴意大利那不勒斯大学讲学,用英语做了数次有关中国传统文化的讲座。2019年,“正式”从海大退休前(2020年起不再招收研究生)还被法国布雷斯特高等商学院聘为学术委员会委员。

回首自己的一生,时时在内心感恩老母。父亲记忆过人,涉猎众多学科,而且常有过人之研究成果。当母亲发现我有自卑情绪时,常用“笨鸟先飞”来鼓舞我。我坚信老母给我的这四个字,自始至终激励自己勤勤恳恳、废寝忘食地学习和工作,无论在山东大学还是在中国海洋大学,只要不出差一般都是第一个进办公室,最后一个离开办公室的教师。在教学上,初心如磐,始初坚持“教书育人”、“身教重于言教”、“有教无类”、“因材施教”、“教学相长”和“学高为师,身正为范”等传统和当代教育思想,因此时常得到领导和学生的表彰与首肯。

岁月如梭,不堪回首!2013年,《中国日报》用英语采访我,问及终生最大的愿望是什么时,我脱口而出:“I wish I could die during teaching, just like an actor dying on stage....To me it's the biggest happiness.”(就像一名演员在舞台上告别人世那样在教书中西去。……这是我最大的幸福。)2014年,当中国国际电视台法语台采访我时,问及我的终极心愿是什么,我不假思索地回答:“Mourir en classe devant mes étudiants, comme Molière est mort sur la scène, dans un fauteuil.”(在课堂上,像莫里哀在舞台上的扶手椅上那般在学生面前死去。)

但愿我的一生能如此结局!

目录

附　录

第一部分

木铎金声渐知行

（中外媒体报道）

耕耘不辍　初心如磐

——法语教材专家李志清获全国教材建设奖先进个人*

杨传庆　董文琪　牟笛

李志清与他主编的法语教材

教材是教育教学的关键要素、立德树人的基本载体，教材建设是事关未来的战略工程、基础工程，是为党育人、为国育才的重要依托。2021年10月，首届国家优秀教材奖评选结果公布，《新大学法语》主编李志清教授获评“全国教材建设先进个人”称号，该称号在全国除三位英语专业教师外，其他语种只有李志清一人获奖。

近日，李志清教授接受了山东大学法语系同学的采访，现将采访稿整理如下。

*本文原载法语世界微信公众号2021年12月15日；收录此处时略有改动。

问:我们了解到您在今年的10月12日获评"首届全国教材建设奖先进个人",对我们法语界而言这个奖意义重大,您能不能分享一下当时的评选过程?获奖的心情如何?这个奖项对您有何意义?

答:当时我申报了两个奖项,"全国教材建设先进个人"和"全国教材建设优秀教材"(《新大学法语》)。就个人而言,尽管先进个人奖对个人的意义重大,但我更看重的是优秀教材奖。因为若获得这个奖,则能进一步推动《新大学法语》的普及。我很荣幸获得先进个人奖,但更遗憾没有拿到优秀教材奖。至于心情,应该说是平静,这是对我重视教材建设的肯定。

我非常重视教材建设,认为外国语学院老师"功德无量"的三件事情是:第一,编好字典;第二,出好教材;第三,翻译世界上重要的著作作品("引进来"),也把中国的重要作品翻译成世界语言("走出去")。我并不很看重外国语学院的"科研",因为科研还有其他院系可以做,比如文学院可以研究语言学与外国文学。但刚才我说的这三件事情,只有外国语学院能做到,所以即便编写教材被许多教师认为是吃力不讨好的工作,况且也不被外语教学界主流认为是成果,我仍锲而不舍地坚持了下来。最终能拿到这个奖其实我并不意外,因为能几十年如一日坚持编教材的人少之又少。我30岁出头就在山东大学编写英语教材和法语教材,直到今年已然77岁,这个奖终归是对自己数十年如一日执着努力的肯定。我自己并不感到格外激动,但是这个奖确实对于法语专业而言十分重要。就法语专业来说,除了我获得的一项先进个人奖,还有两项优秀教材奖,分别是曹德明教授主编的《法语综合教程》和许钧教授主编的《翻译概论(修订版)》,作为获奖者其中之一我也算是为全国的法语专业增光添彩。

问:您主编的《大学法语》出版于1995年,后经历多次改版,现又更名为《新大学法语》,并拓展出线上课程。这是国内现在最具有影响力的大学法语教材之一,我们山大学子亦观看学习过这套书的慕课。您能给我们介绍一下这部教材的编写初衷、编写过程及遇到的困难吗?这套教材有什么亮点呢?

答:这部教材的筹划能追溯至20世纪,1995年,那时候你们尚未出生。那时我被公派去法国做访问学者,我面临着继续读博、在法国工作和回国发展三项选择。若读博,很容易就能申请到名校,并且会给我奖学金;若工作,当时选择也不算少。但当时我刚刚成为教育部大学外语指导委员会副主任,我自认这个位置至关重要。全国的大学外语指导委员会委员为数不多,更何况到了主任、副主任这一级别，我觉得这是国家对我的信任，教学指导委员会应该对外语教学做出自己的贡献。

当时主要有三件事情做：第一是编写教学大纲，第二是编写教材，第三是组织全国的大学法语考试。当时，这三项系统工程在大学阶段的法语教学里是空白的，所以我决心填补这个空白。那时对我鼓励最大的人，是北京外国语大学的陈振尧先生，他希望我负责筹备大学法语指导组和大学法语教学研究分会，进而编写教学大纲和教材。

于是我就开始在法国搜集资料。因为当时没有计算机，更没有网络，所以全靠搜集纸质版的材料。我记得自己有时会跑到诊所去收集他们的治疗宣传手册，还去过移民局、公安局、银行、保险公司等部门，并搜集过一些出版社的材料。这是非常艰难的一件事情，不像现在网上一键搜索。那个时候，你想收集哪一类的材料，你就必须亲自去跑现场，就跟从前办理业务必须到银行去填各种表格一样。那时，我就用半年访问学者的时间收集这些第一手材料。我认为第一手资料是最重要的，一部教材假如没有采用第一手资料，它就注定是没有生命力的。因此我花了大量功夫来收集这些材料，回国的时候也相当麻烦，全靠自己拿钱去办理海运等，不过经此一遭我的材料就十分丰富了。所以《大学法语》一经问世就很受欢迎，因为它的材料都是第一手的，这是保证教材质量的第一要素。那个时候开放程度还很低，还没有网络，所以教材一经付梓，立即受到广大教师和学生的欢迎，奠定了本教材屡获各类奖项的坚实基础。

这之后，我被教育部任命为大学外语教学指导委员会副主任兼法语组组长。1992年《大学法语教学大纲》出版，1996年大学法语四级考试开考，这时候急需更新原版的《大学法语》。因此编写组决心要每五年更新一次这部教材，正好与国家的五年计划合拍。第二版我们就把书名更换成《新大学法语》，接下来的每次改版都入选国家规划教材（即“十五”“十一五”“十二五”规划教材），把《新大学法语》上升到一个更高的层次。

以这套教材为基础，2005年我主持的“大学法语系列教学文件及大学法语十五规划教材”项目获得国家级教学成果奖二等奖。一方面这个奖项本身含金量很高，另一方面这是当时法语教学界唯一一个获奖项目，那为什么它能获奖呢？主要因为“系列”二字。我主持编写的《大学法语四级考试教学大纲》、大学法语系列教材和《大学法语四级考试大纲》形成了一个体系，这可能是我获此殊荣的主要原因。而以此为基础，2008年《新大学法语》就成功获批为国家精品课程，所有这些成绩是逐步积累下来的。

我终生除了坚持教书育人的理念之外，还始终将扶植年轻教师视为己任。当时与我一起工作的其他作者，如今都垂垂老矣，但那时都是年轻人，且大都比我小10岁左右。大学法语教学文件和教材的编写队伍实际上是很庞大的，编写成员不仅来自诸如北京大学、北京外国语大学、复旦大学、山东大学等985、211高校，也有一些非上述知名大学的年轻教师参加。

同时，我也意识到中国专业法语教材也很欠缺，不够系统，水平参差不齐。因而后来我又组织编写专业教材，如《20世纪法国文学》《法汉翻译》《汉法翻译》《经济法语》等，这些教材都列入了国家“十五”规划教材。大概有近200名教师参与编写过这些教材。这也恰恰说明我为何会在2021年获得“全国教材建设先进个人”称号：这不是因为一套教材，而是因为这么多年来我在法语教材编写领域耕耘不辍。

至于《新大学法语》的亮点，首先，这套教材强调语言综合教学，选择性编入核心内容，对无关紧要的内容就适当放弃，在教学当中只教最该学的精华。其次，聚焦法国文化，在刚出版的时候，正值改革开放刚刚起步，那个时候大多数教材对文化的教学并不是特别在意，因而它对文化教学的重视成为一个亮点。最后，语法讲解颇具特色，采用了一些简单易懂的表格、图表，其他教材有时用了过多文字，而图表则一目了然更容易帮助学生记忆。

问：我们知道，《新大学法语》这套教材面向的是以法语为第二外语的同学。您在编写《新大学法语》时，国内尚未有成熟的法语教学书籍，且外语教学理论十分落后，可谓筚路蓝缕，您搜集了大量西方的资料，学习了西方先进的教学理论。在这过程中，您是如何贴合中国国情，编写出符合中国特色的二外法语教材的呢？您在学习外国教学理论的同时是如何进行创新的呢？

答：最重要的是，在最开始采集国外文化因素的时候，就要尽可能地考虑到中国的国情，还要权衡利弊，取其精华，去其糟粕，以求为中国法语教学带来最大利益。有些人盲目地把一些外国教学理念、教学方法直接照搬到中国是肯定行不通的，例如欧洲最“时髦”的交际法。一是因为欧洲主要属于罗马拉丁语系，与中国的语言体系相去甚远；二是由于我们学习外语的目的是不同的，大部分国人学习外语是为了查阅外国资料，或者将中国故事宣传出去，而不是直接用来口头交际。所以如果直接将交际法生搬硬套，那会有悖于中国的外语教学目标，注定是行不通的。所以我们用的方法一定是混合式的，将西方新的理论交际法,同中国传统教学理念融合在一起。例如,国内不能像西方那样过多地排除语法教学,要贴合中国的语言学习目的。符合中国国情的,我们就把它拿过来;对方不合理之处,我们就将其舍弃。我们在编写教材时做了一些很重要的创新,比方说,教学大纲里的语言功能表,我们是参考了法国的外语教学大纲(Niveau Seuil)加上欧洲框架协议而编写的,将其中的功能意念的重要信息进行了认真筛选,还包含了语言表达的最简单句型——微技能(microskills),这些内容都是根据中国国情精心挑选的。当时尚无语料库,我们就完全靠人工按照词频筛选四级与六级词汇,工程量巨大。尽管困难重重,但总体来说当时我们的教学大纲在国内来说是比较领先的、科学的。除此之外,我们还有一个领先之处——我们做出了第一套法语教材DVD,这在当时法语教学界绝无仅有。所以说《新大学法语》之所以得到那么多荣誉,是因为它有很多亮点、一些超前的元素。

问:二外法语教材与专业法语教材在编写过程中的区别是什么?

答:专业法语的教学对象相对来说比较明确:法语专业的学生。对专业学生来说学时数基本一致,能力水平也相差无几。而大学法语就不同了,它的对象五花八门,水平不一,学时数各不相同,一套教材要适应那么多教学对象是非常困难的,所以我们需要做大量且细致的调查。教学法研究中四种基本方法——问卷调查、访谈、前测与后测、观察,我们都非常认真地应用了。我们做了上万份的问卷调查,了解师生需要,收集存在的问题和建议,只有这样才能有的放矢。再加上我是大学法语四级考试组的组长,每次考试结束后都要把考试结果拿过来一道题一道题地分析,这样就知道全国性考试问题出在什么地方,从而及时修正考试大纲和教学大纲,比如减小不常用语法现象的分值乃至不纳入考试范围(如简单过去时等)。我们每年通过统计学研究分析,不断改进命题质量。比如ABCD四个选项,如果50%的学生选择了正确答案,剩下50%平均分布在剩余的三个选项中,就说明这个题出得非常高明。但如果学生的答案都集中于一个选项,不论其是不是正确答案,这个题一定是有问题的,就要引起重视并加以修正。我们每年花大量的功夫做这项工作,也培养了一批教学能手。我们这个班子一直潜心研究,已经形成了一个比较健全的体系。大纲、测试、教材是一套系列教学文件,基本上都贯彻了我的主导思想,我自信到目前为止我没有走错道路,所以总体来讲,大学法语教学走得比较平稳顺畅。

问:我们了解到您在山大任教初期主要是为学生讲授英语,而2020年教育部提出“培养‘一精多会’‘一专多能’的高素质国际化复合型人才”，您是否能向我们介绍一下您对此的理解？您对于外语系学生的多语种学习有什么建议吗？

答：中国现在有一个很大的问题，就是把法语教学和英文教学分开了。我认为英法双语教学一定不能脱节，学生在小学、中学时花了上千学时学习英语。如果把如此扎实的语言基础抛弃，再重新孤立地教学一门全新语种，那是多么得不偿失的事情。我们完全可以用英语进行法语教学，这样就可以实现正迁移。我们国内现在很多老师会回避这个问题，这样的话就必然会造成负迁移，学生的英语反而会对法语学习造成干扰。假如老师很好地进行正迁移的引导，英语不仅不会破坏法语学习，反而会促进其发展，达到举一反三、融会贯通的目的，这是我一直以来的教学理念。所以在山大创办法语专业初期，我就是秉持英法双语教学理念，合理安排大学四年的英、法双语课时，最后的目标是让学生们的双语水平持平。国家现在要求“一专多能”，英语就显得更为重要，学生的英语与法语水平应该基本一致，我十分赞成现在很多学校要求学生英、法专八都通过。现在国家还需要我们加强其他专业的学习，如国际关系。在我心里，国家需要的就是我们应该做的。作为外语人，用外语研究国别国情、研究国外政治，是我们义不容辞的责任。所以我非常拥护一专多能，让学生非常熟练地掌握两门外语。现在十分缺少这类教材，我前一段时间组织编写了一套法语教材《新时代简明法语》，其中就涵盖国际关系，英语、法语的相关术语都是对应的，这就非常适合多语教学，实现一专多能的应用。另外，我还致力于将旅游学、经济学、管理学编入法语教材，为国家政策服务，我与山东大学的刘洪东教授一起策划了一套《专门用途法语》教材，旨在满足教学需要。

2021年3月，我在那不勒斯大学用英语进行了三场演讲，当然我的英文口音或许不如英语专业的人地道，但我将中国文化宣传出去了，达到了传播的目的。表达与交流才是最主要的目的，我觉得这是中国外语人今后需要重现的。我们要能在国外用外语讲中国故事，同时将外国故事带到中国。我们要成为“摆渡者”(passeur)，促进两种文化的相互交流。

问：我们了解到从1967年至今，您已在法语教学岗位上50多年了，我们知道您一直保持耕耘不辍的状态并希望在岗位上鞠躬尽瘁，请问是什么支撑您始终如一地热爱和付出呢？

答：这个问题很大。第一当然是因为我热爱教学。我出生于教学世家，兄弟姐妹七人，有五个人是在教学岗位，我的父亲也曾任教于复旦大学、曲阜师范大学与山东大学。在我眼里教学算是比较神圣的职业之一吧。第二,要干一行爱一行,既然在教学岗位上,就得热爱它。我在山大教学时,一开始教的是英文。你们可能想象不到,那时我一周最多要上三十节英文课。别的事情也不会多想,就是想拼命地做好教学这件事情。因此我在山大曾经做过大学外语部负责人,主要负责大学英语教学。第三,我觉得教学其乐融融。正如我在中央电视台法语节目中所言,我这一生最希望的就是像莫里哀一样,他在舞台上结束生命,我则在讲台上,这是我梦寐以求的一生。所以,热爱是比较重要的,另外一点就是要持之以恒。很多学生能够把我当时教课的一言一行模仿出来,我看了很受感动。有时候会有师生聚会,有的学生就会回忆、模仿我当时的动作,哪个单词我是怎么讲的,很有意思,我一回想好像确有此事,没有学生的回忆我早已忘却了。所以说,教学还是一件很有意思的事情。我还为此写过一首小诗,借此来抒发我对教学的热爱:

In teaching:
I forget the physical "I", I teach in a spiritual "I";
I forget the present "I", I teach in a historical "I";
I forget the imperfect "I", I teach in a perfect "I";
I forget the small "I", I teach in a great "I".

问:在阅读过您的自述后,我们对您曲折却又精彩的人生经历十分佩服,您能为我们分享一两件对您影响很大的经历吗?

答:一个人是要有信念的。我举个很简单的例子。三十多岁的时候,我在毛里塔尼亚做翻译。当时遭遇了政变,士兵持枪荷弹,天上子弹穿梭。那天有好几百名当地工人滞留在工地上,他们回不了家,我们工地也无法安置这数百名工人,所以必须护送他们返回。在不得已的情况下我只身一人完成了任务。当时,我一手挥舞着中国国旗,一手紧握方向盘,开着北京吉普。后面跟着七八辆载满工人的大卡车,浩浩荡荡地把他们平安送到了目的地,中国在毛里塔尼亚还是很有影响力的。政变结束之后,大使到各个专家组了解情况,我们领导就把我的这件事告诉了大使。大使随后和我聊天,问我多大岁数、哪个学校的,最后问什么时候入的党,我很不好意思地回答:共青团都没有入过。于是大使在征得专家组领导班子的同意下决定让我火线入党。这件事情对我的人生来说是个很大转变,终生难忘,对我来说是个极大的鼓舞。你只要好好做事,总有一天党会认可你,人民也会认可你。

问:您曾三度获得法国政府颁发的金棕榈文化教育勋章,您如何看待这项荣誉?这对您在法语人才培养和中法文化交流的道路上有何影响?

答:我是个普通教师,法方认可的,首先就是我不断地在编写教材、编写大纲、组织考试,不断推广法语语言文化。其次就是文化交流问题。你既然是学外语的,你就需要充当一个中法文化的"摆渡者",这不仅是大使馆所充当的角色,所有外语人都是民间大使。只要你和外方打交道,实际上你就在代表国家做疏通的工作,促进中法之间相互了解,就像是两种文化的摆渡人,这十分重要。举个比较简单的例子。山东省和西布列塔尼大区、卢瓦尔河大区是友好省,这个关系是我促进建立的。济南和雷恩,青岛和南特、布雷斯特是友好市,这个关系也是我促进建立的。我还因此获得了布雷斯特市"荣誉市民"称号。这或许是我三次获得法国金棕榈文化教育勋章的重要原因之一。还有就是因为我经常在法国做中国文化的宣传。我在法国七八所学校当过客座教授、合作博士生导师。能在这么多学校当客座教授、博士论文合作导师,对于中国的法语老师来说屈指可数。所以我想,我能三次获得荣誉勋章的原因大概就是两方面:在中国也做事,在法国也做事,促进了中法之间的交流。

问:您在山东大学和中国海洋大学筹建了法语系,从您进入山大工作到法语系正式成立更是用了整整16年,在创建法语系期间您遇到了什么困难?

答:严格来说,我建立了三个学校的法语系:山东大学、中国海洋大学和山东省青年管理干部学院(现更名为山东青年政治学院)。建立一个新专业是很困难的。刚开始在山大建立法语系的时候,是临时隔出一间教室,但我们办得很火。当时,法国电力公司每周都到我们系里来放一部法国新电影,放完以后和学生一起讨论、分析,这在全国是独一无二的。还有昂热蒂森电梯公司(Thyssen Ascenseur)这家德国公司在济南建立了一家工厂,由法国昂热分公司运营。我们的学生全都有机会在这家工厂实习。这家公司每年为我们提供两个奖学金,每年都有两个学生拿这个奖学金去昂热大学学习,寄宿在法国人家里。这对我们学生来说是个很好的锻炼和学习机会。而且我们系与昂热大学还有雷恩二大建立了良好的关系。索菲特酒店(Sofitel)有时周末会给我们的学生举行小型酒会,准备法国酒、法国点心,最主要的是这家酒店会把在济南的法国人聚集起来,这给我们的学生提供了宝贵的交流机会。这就是为什么我们最早几届的学生都非常优秀,因为他们学习机会良多。比如像今年在外国语学院的开学典礼上发言的姜丹丹,她就是山大法语系的第一届学生。本来法语系的条件十分简陋，但是我们硬生生地创造了这样的条件，营造了很好的外语学习氛围，从成效来看一点也不比传统的外语学院差。我们的学生还自己办了一份杂志，叫《两只公鸡》（*Les Deux Coqs*）。刚才提到的姜丹丹，她把这份报纸送给了法国国家图书馆珍藏，也就是说在法国国家图书馆能查到我们学生创办的报纸，这是很了不起的事情。

"不积跬步，无以至千里。"本次采访让我们十分荣幸得以了解李志清教授斐然成就背后的故事，窥见他数十年如一日的不懈坚持和高瞻远瞩，我们外语人应以李老师为榜样，书写与国家共命运、与时代同呼吸的新篇章。

Entretien avec le Professeur Li Zhiqing sur la chaîne française de télévision chinoise internationale*

CGTN: " Mon rêve, c'est de mourir en classe devant mes étudiants, comme Molière est mort sur la scène, dans un fauteuil. " C'est çà un désir d'un professeur chinois qui est un grand fan de la culture française. Comme le premier professeur chinois qui a été décerné l'ordre du Commandeur des Palmes académiques, il a été hautement apprécié en Chine et en France. Alors, pourquoi a-t-il reçu cet honneur? Qu'a-t-il fait précisément à l'âge de 71 ans? Pourquoi continue-t-il à enseigner auprès des étudiants? Nous l'avons invité aujourd'hui à découvrir Monsieur LI Zhiqing, un professeur chinois très remarqué par ses contributions des échanges culturels sino-français, il est au micro.

CGTN: Alors, le 24 mai 2014, une date importante pour vous. Ce jour-là, l'ambassadrice de France en Chine, vous a décerné l'ordre commandeur des Palmes académiques. C'est une très haute appréciation à fortiori dans l'éducation en France. Pourriez-vous nous parler un peu de ce moment inoubliable et que pensez-vous de cet honneur ?

Monsieur Li: Vous avez raison de dire que c'est une date importante, pas seulement pour moi, mais aussi pour mon département et pour l'Alliance française, parce que Madame l'ambassadrice Sylvie Bermann est venue ici à Qingdao pour me décorer. Et mon président de l'Université et la directrice de l'Alliance française de Qingdao, mes collègues et amis étaient présents, y compris certains étudiants. C'est un événement important de ma vie, parce que je suis déjà en retraite, mais je continue à travailler, à enseigner, à diffuser la

*于丹根据中国国际电视台法语频道录音整理;收录此处时略有改动。

langue française et la culture française. Ce que j' ai fait et je fais a été gagné l' estime. Et je pense, c' est un exemple peut-être pour mes étudiants. Je suis le premier qui a été promu Commandeur *à* l' ordre des Palmes académiques parmi les enseignants de français en Chine. J' ai cherché *à* comprendre pourquoi l' ambassade de France m' a choisi *à* promouvoir Commandeur. Probablement d' abord parce que j' ai déj*à* pris un certain âge, donc plus ou moins expérimenté, et les autres sont encore jeunes. Et deuxièmement, parce que j' ai vraiment beaucoup fait pour la diffusion de la langue et de la civilisation française en Chine. Depuis presque 50 ans, j' ai travaillé dans ce milieu. Diplômé *à* l' Université des Langues Étrangères de Shanghai en 1966, donc si l' on compte par cette année, c' est presque déj*à* 50 ans, durant lesquels j' ai élaboré beaucoup de méthodes de français, dont *Le nouveau Français universitaire*, le plus utilisé sur toute la Chine. Et aussi, j' ai dirigé *à* élaborer deux programmes d' enseignement de français universitaire au nom du ministère d' Education nationale et j' organise toujours le Test national du français universitaire Niveau 4. Et aussi, j' ai établi beaucoup de relations entre la Chine et la France, par exemple, la Région des Pays de la Loire, la Région de Bretagne Occidentale se sont jumelées avec la province du Shandong. Grâce *à* moi, la ville de Nantes s' est jumelée avec Qingdao, Rennes avec Jinan, Angers avec Yantai. Ma contribution a été récompensée de retour par le gouvernement français.

CGTN: D' accord. Alors, les Palmes académiques sont des décorations attribuées par la France pour les gens qui contribuent *à* l' expansion de la culture française et de l' éducation française dans le monde. Alors ces ordres sont divisés en trois catégories, Chevalier, Officier et Commandeur. L' année dernière, vous avez été promu Commandeur *à* l' ordre des Palmes académiques, mais *à* peu près 20 ans avant, le Chevalier que vous avez déj*à* été décerné, alors quelles étaient vos émotions *à* l' époque ?

Monsieur Li: Comme vous le savez, la première décoration a été en 1995, ce n' est pas longtemps après l' ouverture. Et je suis né d' une famille intellectuelle, toujours écarté un peu de la société, je ne sais vraiment pas pourquoi la France m' a décoré, il est possible qu' il n' y eût pas beaucoup de départements de français ni la coopération d'éducation avec la France, donc j'étais un des premiers décorés, d'ailleurs je dirigeais *à* élaborer le premier programme d'enseignement de français universitaire. Pourtant, j'étais très encouragé, même je pourrais dire que la décoration a changé ma vie, surtout a changé ma vie de l'ouverture vers la France. Plus d'une dizaine de journaux chinois m'ont interviewé.

CGTN: Vous êtes aussi hautement approuvé par la société française. Vous êtes le professeur invité de l'Université Paris Diderot, Université Rennes 2, Université de Bretagne Occidental, Université de Nantes etc. Comment se sont passées ces expériences en France ?

Monsieur Li: Je dis toujours *à* mes étudiants, j'ai deux "pains", en chinois on dit 2 "bols" : un pain en Chine, un pain en France. Un pain en Chine: j'enseigne la langue française et la littérature française en Chine, et en France je diffuse la langue chinoise et la civilisation chinoise. Souvent, je donne des cours et des conférences en France. À cette époque-*là*, il n'y avait pas autant d'échanges entre la France et la Chine qu'aujourd'hui, en quelque mesure, j'étais un des pionniers pour promouvoir les relations amicales entre les deux peuples. J'étais invité non seulement par des universités mais aussi par des lycées, de grands lycées, tels que Henri 4 et Stanislas où Charles de Gaules a fait ses études secondaires. Mes cours étaient sur la civilisation chinoise, sur le taoïsme, le confucianisme et sur l'histoire des relations franco-chinoises, par exemple sur la querelle des rites sous la Dynastie des Qing. Mes conférences ont ouvert un nouvel horizon *à* ces jeunes français, parce qu'ils ne connaissaient pas du tout la Chine ancienne et encore moins celle d'aujourd'hui. Je suis convaincu qu'avec mes efforts et ceux des autres collègues chinois, beaucoup de Français commencent *à* s'intéresser *à* la Chine. Je ne suis pas le seul, mais je suis un des plus dynamiques.

CGTN: Est-ce qu'il y a les étudiants français qui viennent en Chine grâce *à* vous, après vos cours ?

Monsieur Li: Oui, même beaucoup. Par exemple, le premier lecteur de l'Université du Shandong. Il s'appelle Xavier Garnier, après ses quelques années *à* cette université, il était directeur de l'Alliance française de Jinan, de Qingdao et de Macao. Il était le premier *à* venir en Chine par suite de mes cours *à* l'Université d'Angers en 2000. Et après il a amené son petit groupe d'amis chinois en Chine l'un après l'autre. On l'appelle un petit groupe d'avenir. Et jusqu'aujourd'hui, il y a une dizaine de ses camarades sont venus en Chine, ou donner des cours de chinois, ou travailler *à* l' Alliance française, ou pour promouvoir la culture franco-chinoise.

CGTN: On peut dire que vous êtes un pont pour relier la culture française et la culture chinoise ?

Monsieur Li : Oui , vous avez raison. A ma deuxième décoration , l'Ambassadeur de France m'a appelé même "ambassadeur du peuple". Je crois que ça doit être le rôle de tous les enseignants de français de Chine, même des étudiants de français. A mes yeux ces "ambassadeurs" sont plus importants que les ambassadeurs diplomates. Je dirige encore 4 thèses en France. Deux thèses *à* Nantes, une thèse *à* Brest, une autre *à* Angers. C'est pourquoi je dois aller souvent en France, je suis souvent invité comme membre de jury de thèses au sujet de l'interculture.

CGTN: C'est étonnant ! Du chevalier au commandeur, Monsieur LI Zhiqing est apprécié par le gouvernement français, l'ambassadeur du peuple. Ce titre montre son effort *à* faire le pont pour relier nos 2 pays. Mais comment avez-vous commencé vos parcours de l'enseignement du français ? Vos contributions sont vraiment nombreuses. Vous avez par exemple établi les départements de français *à* l'Université du Shandong et *à* l'Université Océanique de Chine. Et pourquoi avez-vous pris cette décision et quelles sont les difficultés que vous avez rencontrées au cours de l'établissement de ces départements ?

Monsieur Li: Je pense, le premier département que j'ai fondé *à* Jinan, ce n'était pas très difficile. Parce que j'étais *à* l'Université du Shandong depuis 1978, dès lors on a commencé *à* préparer la fondation et puis la fondation du département était très nécessaire parce que, *à* ce moment-l*à*, dans la province du Shandong, il n'y avait aucun département de français. Et le gouvernement local nous a appuyés. Et d'ailleurs, le ministère d'Education national de Chine et l'Ambassade de

France *à* Beijing m'ont considérablement aidé de leur part. Mais quand j'essayais de fonder celui *à* l'Université Océanique de Chine, ce n'était réellement pas évident, parce que la deuxième Université est plutôt orientée vers la mer. Pourtant grâce *à* l'académicien Monsieur GUAN Huashi, on a surmonté toutes sortes de difficultés. Il m'a subventionné une somme assez importante pour constituer une petite bibliothèque française, c'est mon petit trésor, pour inviter des lecteurs français etc. Grâce *à* lui, donc la fondation du département a été enfin réalisée. Je n'arrête jamais, parce que mon objectif n'est pas seulement ç*à* : il faut non seulement le département de français pour former des étudiants de français spécialisé, mais aussi il faut diffuser le français aux simples citoyens, aux habitants de la province. Donc, j'ai commencé *à* essayer de créer l'Alliance française dans la province du Shandong. Et j'ai convaincu l'Ambassade de France et l'Alliance française *à* en fonder deux dans la province du Shandong : l'une *à* Jinan, l'autre *à* Qingdao. Vous savez que c'est le seul cas en Chine: dans une même province deux Alliances! Au début, on voudrait fonder l'Alliance française *à* Jinan, la chef-lieu de la province mais pas *à* Qingdao. Avec mes efforts, j'ai enfin convaincu l'ambassade de France *à* créer 2 Alliances. Ma raison était la suite: la province du Shandong a 2 capitales, une capitale administrative, l'autre économique. Ainsi, deux Alliances sont nées.

CGTN: D'accord. Alors, comment ça se passe, l'Alliance française de Qingdao actuellement, ça se passe bien ?

Monsieur Li: Au début, c'était très bien, mais maintenant beaucoup de difficultés.

CGTN: Pourquoi ?

Monsieur Li: Beaucoup d'étudiants voudraient aller plutôt aux États-Unis maintenant. L'inscription *à* l'AF est beaucoup moins nombreuse qu'avant. J'ai essayé de surmonter ces difficultés. Mon université, l'Université Océanique de Chine, a établi beaucoup d'échange avec la France: Université de Brest, Université de Nantes, Université d'Angers etc. Certains étudiants ont été formés *à* l'Alliance Française, par exemple : tous les étudiants qui voudraient aller *à* l'Ecole des ingénieurs de l'Université de Nantes apprennent le français *à* l' Alliance française de Qingdao. L' Alliance française de Qingdao a été ainsi sauvée, sinon, il y aurait la fermeture.

CGTN: Ma question suivante, en revenant en question plus personnelle, je pense que votre grande réputation ne peut pas être séparée de vos solides bases linguistiques. C' est bien sûr. En 1962, vous avez commencé *à* apprendre le français *à* l'Université des Etudes internationales de Shanghai, alors les années 60 étaient des temps assez difficiles pour la Chine. Il y avait très peu d'étudiants dans les universités, la plupart d'entre eux choisissaient l' économie, le commerce ou la comptabilité etc. Alors pour quelle raison que vous avez choisi d' apprendre le français ?

Monsieur Li: Pour apprendre le français, j' ai 3 raisons. La première, j' aime la littérature française, j'adore surtout les œuvres de Victor Hugo. J'étais très influencé par *Les Misérables* du côté de l' humanisme, surtout *à* travers Jean Valjean. Et puis après, j'ai décidé d'être professeur comme mon père, professeur titulaire aux universités différentes. Mon papa a passé des années aux États-Unis. Il enseignait la chimie, l'économie, l'histoire et le chinois. Il a terminé sa carrière universitaire par l' enseignement d' anglais. Plusieurs de ses enfants étaient enseignants. C' est de la famille ! J' ai 2 sœurs qui étaient enseignantes de la langue anglaise. Donc je me suis inscrit *à* l' Université des Etudes internationales de Shanghai. C'était très difficile *à* entrer dans les universités en 1962, surtout *à* cette université réputée. Avec mes efforts j' ai bien réussi. La troisième, c' est, comme vous l' avez dit, parce que je me suis déterminé *à* jeter le pont d' amitié entre la France et la Chine.

CGTN: J'imagine qu'au cours d'apprentissage du français *à* ce moment, il y a beaucoup de difficultés, avez-vous regretté *à* ce moment ?

Monsieur Li: Jamais, parce que j' adore le français qui est utile. J' ai toujours encouragé mes étudiants *à* bien travailler, mais maintenant les étudiants lisent peu. Quand j'étais étudiant *à* l' Université, *à* partir de troisième année, je lisais régulièrement un roman en français par semaine.

CGTN: Par semaine ?

Monsieur Li: Oui, par semaine.

CGTN: Oh *là là*.

Monsieur Li: Mais peut-être c' était avec beaucoup de difficultés. S' il y avait trop de mots nouveaux dans le roman que je lisais, je l' ai abandonné, je changerais un autre, j' ai pris l' habitude. L' habitude est la seconde nature, depuis, je lisais toujours un livre en français par semaine. Je suis persuadé que c' est la lecture régulière qui m'a rendu un bon professeur.

CGTN: Voil*à*. Alors, ma dernière question, vous êtes déj*à* en retraite, mais on trouve que vous continuez d'enseigner. Alors pourquoi ?

Monsieur Li: Quand *China Daily* m' a interviewé, on m' a posé la même question. Je leur ai révélé mon rêve: c' est de mourir en classe devant mes étudiants, comme Molière est mort sur la scène, dans un fauteuil. J'ai fondé deux départements de français dans la province du Shandong. Les jeunes étudiants de français ont beaucoup de difficultés dans leurs études: il manque de bons professeurs de français aux universités. Donc je dois aider les jeunes enseignants *à* s'adapter *à* leur nouvelle carrière surtout au niveau de l'enseignement de master. Je donne des cours pour les étudiants de master et j'aide les jeunes enseignants *à* préparer leur cours. Je pense, dans quelques années, peut-être 2 ans ou 3 ans, je dois être vraiment en retraite, mais pour le moment non.

中国国际电视台法语频道对李志清教授的采访

于丹 译

中国国际电视台法语频道(以下简称"法语频道"):"我的梦想是在课堂上倒在我的学生面前,就像莫里哀倒在舞台的扶手椅上那样。"这是一位喜爱法国文化的中国教授的愿望。作为第一个被授予金棕榈统帅勋章的中国教授,他在中国和法国都受到了高度赞扬。那么,他为什么会获得这一荣誉呢?他在71岁时究竟做了什么?他为什么继续教学?今天我们一起去了解李志清先生,一位因对中法文化交流做出的贡献而备受瞩目的中国教授。

法语频道:2014年5月24日,这对您来说是一个重要的日子。在那一天,法国驻华大使授予您金棕榈统帅勋章。这是法国文化教育领域最高级别的荣誉。您能否告诉我们在那个难忘的时刻您的感受,以及您如何看待这一荣誉?

李志清教授:我认为您说的很对。那是一个重要的日子,不仅对我,而且对我所在的法语系和青岛法语联盟都是如此,因为西尔维·贝曼大使来到青岛为我授勋。中国海洋大学校长和青岛法语联盟的校长,我的同事和朋友都在场,包括一些学生。这对我的人生来说是一件重要的大事。特别是因为我已经退休了,但我还继续工作,继续教学,继续推广法语和法国文化,我已经完成的和正在做的事情为我赢得了荣誉。我想,这也许为我的学生树立了榜样。在中国的法语教师中,我是第一个被授予金棕榈统帅勋章的人。我试图明白法国大使馆为什么授予我金棕榈统帅勋章。可能,首先是因为我已经到了一定的年龄,或多或少有些经验,而其他教师还很年轻。其次,因为我确实为法国语言和文化在中国的传播做了很多工作。近50年来,我一直在这个领域工作。我1966年毕业于上海外国语学院,到今年(2014年)为止,差不多有50年了。在这期间，我编撰了很多法语教材，包括在中国使用最广泛的《新大学法语》。而且，我还代表教育部组织编撰了两部《大学法语教学大纲》，我一直在负责全国大学法语四级考试工作。我也促进了中国和法国之间的交流，例如，卢瓦尔河大区和西布列塔尼大区与山东省结成了友好省。由于我的努力，南特与青岛、雷恩与济南、昂热与烟台结为友好城市。我的贡献因此得到了法国政府的认可。

法语频道：法兰西金棕榈勋章是法国为在世界范围内为扩大法国文化影响力和对法国教育做出贡献的人颁发的勋章。法兰西金棕榈勋章共分三级：骑士勋章、军官勋章和统帅勋章。去年您被授予了统帅勋章，在20年前，您已获得了骑士勋章，请问您当时的心情如何？

李志清教授：如您所知，1995年，改革开放后不久，我被授予骑士勋章。我出生在一个知识分子家庭，总是有点脱离社会。当时法语系不多，与法国的教育也没有很多合作，所以我是第一批被奖励的人之一。我负责制定了第一部《大学法语教学大纲》。授勋，使我深受鼓舞。我甚至认为这次授勋改变了我的人生，有十多家中国报纸采访了我。

法语频道：您也受到法国社会的高度重视。您是巴黎狄德罗大学、雷恩第二大学、西布列塔尼大学、南特大学等的客座教授。在法国的这些经历是怎样的？

李志清教授：我总是对我的学生说，我有两个饭碗，一个饭碗在中国，一个饭碗在法国。一个饭碗在中国，意味着，我在中国教授法语和法国文学；一个饭碗在法国，表示我在法国传播汉语和中国文化。我经常在法国授课和举办讲座。当时，法国和中国之间的交流不多，我几乎成为一个开拓者。在巴黎，不仅是大学，我也被一些高中邀请，一些著名的高中，例如亨利四中和斯坦尼斯拉斯中学，戴高乐就在那所中学就读。我的讲座是关于中国文化、道教和儒家思想以及法中关系史等，例如关于清朝时期的“礼仪之争”。我的讲座为这些法国年轻人开拓了新的视野，因为他们根本不了解古代中国，更不用说当今的中国。我相信，在我和其他中国同事的努力下，许多法国人开始对中国感兴趣。我不是唯一的人，但我是最有活力的人之一。

法语频道：法国学生在您的课程结束后，会通过您来中国吗？

李志清教授：是的，甚至很多。例如，山东大学的第一位外教。他的名字叫格扎维埃·加尼耶，在这所大学工作几年后，他曾担任济南、青岛和澳门法语联盟的校长。他是我2000年在昂热大学授课后第一个来中国的人。后来，他把他的朋友们一个接一个地带到中国。我称他们为“未来之星”。如今,他的团队中大约有10人来到中国,或给学生上法文课,或在法语联盟工作,或在推广中法文化。

法语频道:可以说,您是法国和中国文化之间的一座桥梁?

李志清教授:是的。授予我第二个勋章时,法国大使甚至称我为“人民大使”。我认为,这应该是中国所有的法语教师,甚至是法语专业学生的任务。我认为,他们比外交大使更重要。现在,我仍然在法国指导四位博士生。在南特有两位,在布雷斯特有一位,在昂热有一位。这就是为什么我必须经常去法国,有时我还经常被邀请作为关于跨文化博士论文的答辩委员会成员,我想这在国内并不多见。

法语频道:真了不起!从骑士勋章到统帅勋章,您得到了法国政府、法国大使的赞赏。这个荣誉显示了您为促进中法两国交流所做的努力。但您是如何开始法语教学之旅的呢?您的贡献真的很多。例如,您建立了山东大学和中国海洋大学的法语系。而您为什么要做出这个决定?在建立法语系的过程中,您遇到了什么困难?

李志清教授:我认为在济南创办的第一个法语系,并不是很困难。因为我从1978年开始在山东大学教书,之后开始筹备法语系建设工作,这是很有必要的。因为当时在山东省,没有法语专业,因此地方政府也支持我们,教育部和法国驻北京大使馆也给予了很多帮助。有了他们的支持,所以并不是非常困难。但是,当我在中国海洋大学创办法语专业时,就没那么容易了,因为这是一所强于海洋专业的大学。但要感谢管华诗院士,他帮助我们克服了很多困难。他用相当大的一笔钱帮助我建立了一座小型法语图书馆,还用这笔钱邀请到了法国外教等。感谢他,最终助我创办了法语专业。我从来没有止步过,因为我的目标绝非如此而已。我们不仅需要法语专业培养法语学生,我们还需要向普通民众,向全省传播法语。所以我开始尝试在山东省创建法语联盟。我说服了法国大使馆和法语联盟在山东省设立了两所法语联盟:一所在济南,另一所在青岛。您知道这在中国独一无二:同一个省有两所法语联盟。一开始,想在省会济南成立法语联盟,而不是在青岛。在我的努力下,我终于说服了法国大使馆建立了两所法语联盟。我的理由是:山东省有两个中心,一个是行政中心,另一个是经济中心。因此,两所法语联盟就此诞生了。

法语频道:那么,青岛法语联盟目前的情况如何,进展顺利吗?

李志清教授:起初发展较为顺利,但现在有很多困难。

法语频道:这是为什么呢?

李志清教授:现在很多学生都想去美国,而不是去法国。我一直在努力克服这些困难。我所在的中国海洋大学与法国许多学校建立了交流:布雷斯特大学、南特大学、昂热大学等。一些学生在法语联盟接受了语言培训。例如,所有想去南特大学工程师学院的学生都在青岛法语联盟学习法语。青岛法语联盟以这种方式得以生存,否则它或许已经被关闭了。

法语频道:我的下一个问题,是有关您的个人问题。我认为您的巨大成就与您坚实的语言基础是分不开的,这是肯定的。1962年,您开始在上海外国语学院学习法语,而20世纪60年代对中国来说是相当困难的时期。大学里的学生很少,大部分人都选择了经济、商业或会计等专业。那么,您为什么选择学习法语?

李志清教授:我有三个学习法语的原因。第一,我喜欢法国文学,我非常喜欢维克多·雨果。我受长篇小说《悲惨世界》的影响很大,特别是受男主角冉·阿让的影响。第二,我想像我父亲一样成为一名教师,我父亲在许多大学担任过不同学科的教授。我父亲在美国待了很多年。他教过化学、经济学、历史和中文,最后他以教英语结束了他的大学教授生涯。他的几个孩子都是教师。我有两个妹妹都是英语教师。所以我进入了上海外国语大学。在1962年,要进入大学是非常困难的,尤其是这所著名的大学。在我的努力下,我学得很好。第三,正如你所说,因为我决心在中国和法国之间架起友谊的桥梁。

法语频道:在学习的过程中,会有很多困难,您当时有没有后悔学习法语?

李志清教授:从来没有过,因为我认为法语有用。我一直鼓励我的学生努力学习,现在的学生缺乏阅读。但我在大学读书时,从三年级开始,我坚持每周读一部法语小说。

法语频道:每周一部?

李志清教授:对,每周一部,但会有很多困难。如果我正在读的小说中有太多的新词,我就放弃它,换一部。渐渐我就养成习惯了。习惯是第二性,从那时起,我总是每周读一部法语书。我深信,经常性的阅读使我成为一名好老师。

法语频道:我的最后一个问题是:您已经退休了,但仍然继续教书,为什么?

李志清教授:《中国日报》采访我时,他们问了我同样的问题。我告诉他们我的梦想是:在我的学生面前,倒在教室里,就像莫里哀倒在舞台的扶手椅上。

我在山东省创建了两个法语系。法语专业学生在学习上有很多困难，大学里缺乏优秀的法语教师。因此，我必须帮助年轻教师适应他们的新职业，特别是他们的教学水平。我为硕士生授课，并帮助年轻教师备课。我想，再过几年，也许两年，也许三年，我真的该退休了，但目前还不会。

Chinese Scholar and His Work in French*

Zhang Zixuan Xie Chuanjiao

This April, 69-year-old Li Zhiqing received a letter from the French ambassador to China. Sylvie Bermann warmly praised Li's promotion of the French language and French literature.

She also told Li that he will soon be awarded the Commander Medallion of the Order of Academic Palms. It's the highest level of the third-grade order of Chivalry of France for academics and others who have made major contributions to French national education and culture.

This is Li's third medallion after receiving the lower-level knight and officer medals.

"It's a great honor for me; the more exciting part is being recognized for doing my favorite thing," Li says.

Li was born in an intellectual family in Shanghai. His father was a chemist who once studied in the US.

Li says his lifetime passion of French was originally inspired by Fu Lei (1908-1966), the renowned Chinese writer and French-language translator.

In childhood, Li recalls, his parents' house was always crowded with Shanghai's intellectuals and scholars, and Fu was often one of them.

To taste the original flavor of French literature, he entered the Shanghai International Studies University's French department in 1962.

"French education was not well-developed in China until 1964, when China and France established the diplomatic relations," Li says.

---

* This article was originally published in *China Daily*, August 11, 2013. It was edited slightly when included here.

Then came the "cultural revolution" (1966-1976), and for more than a decade, he worked at a farm and then a factory.

But Li kept on reading to keep his hand in. His French skills survived thanks to reading the French version of *Selected Works of Chairman Mao Zedong*.

In 1978 Li met the then Party secretary of Shandong University, Sun Hanqing, who invited Li to teach at the school and help with its nascent French education. Ever since then, Li has been an evangelist for the French language.

In 1979, Li finally had a fleeting glimpse of France after studying French for 17 years. His first visit was only a short stay in Paris, a stopover on a business trip to Africa.

"I was like a bumpkin with all my money sewn up in my suit pocket," Li chuckles.

In the following years Li lobbied Shandong University to launch its own French department. In 1994 his dream came true.

There were only a few French workers in Shandong province that constructed an electricity-generating station in Zouxian county, Li recalls. He hosted a French club in one classroom of his campus and invited these French workers to meet with students once every two weeks.

The French workers screened some French movies that were not commonly found in China at that time, and then discussed the films. They also brought French books.

Soon after, a French elevator manufacturer came to the provincial capital Jinan and provided internship opportunities to Li's students. Li also helped 10 of his students to study in France with the support of Rotary International and Lions Clubs International, two worldwide service-club organizations.

In 2000 Li helped the Ocean University of Qingdao (now the Ocean University of China) to establish a French department. That year there were 22 French-major freshmen.

Fang Liwei, one of that first batch and now the deputy director of the French department, says the strict teacher would list at least 50 books for the newbies. Li also required them to read French newspapers such as *Le Monde* and *Le Figaro* every week.

Meanwhile Li participated in writing several textbooks, and initiated the founding of the Qingdao branch of the French Alliance. He also campaigned to make Qingdao a sister city of Nantes and Brest.

Today he hardly seems retired. He comes to school regularly, and flies frequently between China and France.

"I wish I could die during teaching, just like an actor dying on stage," says Li. "To me it's the biggest happiness."

中国学者和他在法语上的成就*

张秋生　译

今年(2013年)4月,69岁的李志清收到法国驻华大使馆的来信。西尔维·白林(Sylvie Bermann)高度赞扬李志清对法语和法国文化的传播。

她还告诉李志清,他很快就会被授予金棕榈统帅勋章,它是法国三级金棕榈勋章的最高级别,授予那些对法国国民教育和文化做出重大贡献的学者和其他人士。

这是李先生继获得骑士勋章和军官勋章后的第三枚勋章。

“这对我来说是一份莫大的荣誉,最让我高兴的是因为做了我最喜欢的事情,而且得到了认可。”李志清如是说。

李志清出生在上海的一个知识分子家庭,他的父亲曾在美国学习化学。

李志清说,他对法语的毕生所爱最初是受到中国著名作家和法语翻译家傅雷(1908—1966)的影响。

李回忆说,童年时期,上海的知识分子和学者时常出入他父母家,傅雷便是其中之一。

为了领悟法国文学的真谛,1962年,他进入上海外国语学院法语系学习。

李志清说:“直到1964年中法建交,法语教育才在中国得到很好的发展。”

接着是“文化大革命”(1966—1976),十多年来,他先后在农场和工厂工作。

但李志清为了不荒废法语,继续保持阅读习惯。多亏阅读了法语版的《毛泽东选集》,他的法语能力得以维系。

1978年,李志清遇到了当时的山东大学党委书记孙汉卿,他盛邀李先生到校任教,辅佐其做好新生的法语教学。从那时起,李志清始终如一作为法语的

*本篇原文原载《中国日报》2013年8月11日;收录此处时略有改动。

传播者。

1979年，学了17年法语的李志清终于有机会前往法国。他的第一次访法是在非洲任职时在巴黎的短暂停留。

“我就像一个‘乡巴佬’，把所有的钱都缝在西装口袋里。”李笑着说。

在接下来的几年里，李志清鼓动山东大学开设法语系。1994年，他梦想成真。

李志清回忆说，山东省只有少数法国员工在邹县建设发电站。他便在校园的一间教室里举办法语俱乐部，并邀请这些法国员工每两周与学生会面一次。

法国员工放映了一些当时在中国鲜见的电影，然后他们一起讨论电影。这些法国员工还带来了法语原版书籍。

不久之后，一家法国的电梯制造商来到省会济南，这为李志清的学生提供了实习机会。在国际扶轮社和国际狮子会这两个全球性俱乐部组织的支持下，李志清还为他的10名学生提供去法国学习的机会。

2000年，李志清帮助青岛海洋大学(现中国海洋大学)建立法语系。建系当年有22名法语专业的学生。

李志清第一批学生中的一员，现任法语系副主任的房立维说道：“严格的李志清老师会为入学新生列出至少50本书，还要求他们每周读《世界报》和《费加罗报》等法国报纸。”

与此同时，李志清还参与编写多部教材，并创立青岛法语联盟，推动青岛和南特成为友好城市。

如今，他似乎还没有退休。他经常来学校，也时常往返于中法。

“我希望我能倒在课堂上，就像莫里哀倒在舞台上一样。”李说。

Brave Monsieur Li*

Xavier Garnier

Sylvie Bermann, ambassadeur de France en Chine de 2011 *à* 2014, qui a aussi connu la Chine *à* la fin de la Révolution culturelle en 1976 et 1977 en tant qu'étudiante, nous parle de ces fluctuations de l'image de la Chine en Occident dans son ouvrage publié en 2017 " La Chine en eaux profondes ": " Curieusement, la Chine maoïste exotique en bleu de chauffe et brassard rouge emprisonnant, affamant, humiliant et tuant des millions de gens avait plus la cote et séduisait davantage les intellectuels occidentaux de tous bords qu'une Chine moderne, entrée dans la mondialisation, certes devenue concurrente de nos pays confrontés *à* la crise économique mais se normalisant et accomplissant les voeux que nous formions rituellement de développement du tiers-monde en sortant plus de 700 millions de personnes de la misère."

La Chine sera bientôt la première économie mondiale mais le "rêve chinois", mantra maintes fois décliné, va bien au-del*à* des performances économiques. La Chine est *à* la recherche d'un "soft power", d'une diffusion de son image et de ses idées, d'une influence sur la scène internationale *à* la mesure de son histoire et de sa culture plurimillénaire. Elle a surtout soif de reconnaissance. Les Chinois s'interrogent sur les raisons du désamour en Europe et aux Etats-Unis mais commencent peut-être *à* comprendre qu'il s'agit de la rançon du succès. Une superpuissance suscite tout *à* la fois admiration et crainte. En tout cas, comme me l'a dit un jour une chercheuse de l'académie des sciences sociales: " Vous n'allez

*Cet article a été publié dans *Fragments et Fils* (éditions paeifica), 2020, pp.150-156.

pas rayer la Chine de la carte, il faudra compter avec nous."

"Compter avec la Chine, c' est prendre conscience qu' elle est entrée dans nos vies et nos paysages mentaux, et que ce phénomène s' accentuera avec les jeunes générations de Chine et d' Occident. Nous ne serons plus au centre du monde, la part relative des pays européens va diminuer."

J'ai vu passer une série d'ambassadeurs en Chine mais j'ai eu le privilège de coopérer professionnellement avec Sylvie Bermann dont l' approche de la Chine était les plus fines. En novembre 2011, elle avait accepté de se déplacer *à* Qingdao pour l' inauguration des nouveaux locaux de l' Alliance Française de Qingdao dont j' étais le directeur. Elle avait alors chaleureusement joué le jeu de la rencontre avec la communauté des Français et des Chinois francophones pendant une longue soirée conviviale. Ce fut l' occasion pour elle de mieux connaître Monsieur Li qu' elle décorera en mai 2014 du plus haut grade des Palmes académiques, celui de commandeur. A ce moment-*là*, seul 2 Chinois avaient obtenu cette reconnaissance de la France.

Sans Monsieur Li, je ne serais peut-être jamais parti travailler en Chine ou pas aussi jeune en tout cas. Je l' ai rencontré *à* Angers en 1998 alors que je venais de passer un an aux Etats-unis. Il cherchait alors un lecteur pour le département de français de l' Université du Shandong *à* Jinan et avait diffusé une annonce auprès des étudiants de la Maîtrise Français Langue Etrangère de l' Université d' Angers dont je faisais partie. Après un entretien d' une vingtaine de minutes, il me promit le poste. Nous n' étions que deux *à* postuler dans notre promotion car la Chine *à* cette époque avait une image mystérieuse, floue et lointaine. Monsieur Li disparut sans que je n' aie *à* nouveau de nouvelles de lui pendant plusieurs mois. C' était encore une époque où on communiquait par lettre postale et téléphone fixe. C' était encore une époque où on avait la patience d' attendre pendant plusieurs mois une nouvelle. C' était encore une époque où on accordait de l' importance *à* la parole donnée.

J' attendis ainsi le mois de juin 1999 pour recevoir la lettre d' invitation officielle de la Chine dans ma boîte *à* lettres de la petite dépendance que je louais avec ma copine Stéphanie au domaine des perruches *à* Saint Sylvain d' Anjou.

Quelle émotion *à* la fois visuelle et tactile de prendre possession de cette lettre contenant des caractères chinois alors inconnus *à* mon esprit et le fameux tampon rouge communiste que je reverrai dix mille fois par la suite! Monsieur Li avait donc bien tenu sa parole. Moi et Stéphanie annonçâmes notre grand départ dans la Chine communiste *à* nos familles respectives avec cette confiance démesurée propre *à* la jeunesse.

Monsieur Li se trouve toujours l*à* où on ne l' attend pas. Fils d' un intellectuel, inlassable voyageur et promoteur de la littérature française dont il est un des spécialistes en Chine, il y a peu d' étudiants chinois de français dans la province du Shandong qui ne se sont pas initiés avec lui *à* la langue de Molière, auteur que Monsieur Li n' hésite pas *à* citer pour imaginer sa mort: sur scène c' est-*à*-dire dans la salle de classe devant ses étudiants. C' est en Afrique qu' il a perfectionné sa maîtrise de la langue française, en Mauritanie dans les années 80, où sa bravoure lui donna toute la reconnaissance de la patrie. En plein coup d'état, il avait organisé un convoi vers l' ambassade de Chine pour protéger des employés locaux qui se trouvaient en danger.

Monsieur Li et Xavier Garnier

Pour notre arrivée *à* l'aéroport de Pékin fin août 1999, j'avais demandé *à* ma camarade chinoise de l'Université d'Angers Xue Mei, qui venait de rentrer au pays, de nous accueillir. Cet accueil fut très court car c'était sans compter sur Monsieur Li qui se trouvait *à* la sortie de la douane et nous embarqua immédiatement dans une voiture nous conduisant *à* la gare pour prendre un train en direction de Jinan. Si une couleur me revient *à* l'esprit de ce premier contact avec la Chine c'est bien sûr le rouge des multiples drapeaux décorant les rues de Pékin car les Chinois préparaient alors le cinquantième anniversaire de leur République, ce même drapeau que Monsieur Li utilisa pour sauver ses employés mauritaniens.

Mais Monsieur Li qui dirigeait le département de français de l'Université du Shandong dont j'ai été le lecteur français pendant deux années, repartit très vite *à* Angers où il était professeur invité *à* l'Université d'Angers pendant un an, non sans nous avoir d'abord fait découvrir les spécialités locales culinaires. Ce fut rassurant pour ma famille et mes amis de pouvoir côtoyer en Anjou l'homme responsable de mon exil chinois.

C'est en 2009 que je retrouvai pleinement Monsieur Li comme collègue *à* la direction de l'Alliance Française de Qingdao, où nous vécûmes de belles années de francophonie et d'échanges franco-chinois, avec la tristesse aujourd'hui de savoir que cette Alliance Française n'existe plus depuis 2018. Avec le temps, on s'attriste toujours des bons souvenirs comme on rit des mauvais souvenirs.

En 2015, Monsieur Li accepta, avec Jean-Luc Tissier, Délégué Général en Chine de la Fondation Alliance française, de faire le discours de mon mariage avec Xin Xin *à* Qingzhou. Il est de coutume en Chine que les patrons fassent les discours de mariage de leurs employés. Après tout, Monsieur Li a été mon premier patron chinois, avant de devenir un collègue et surtout un ami, au sens de Matteo Ricci dans son Traité de l'amitié:

"Celui qui est mon ami n'est pas un autre, il est la moitié de moi, il est comme un second moi ; ainsi je regarde mon ami comme je me regarde. Bien qu'ayant deux corps distincts, mon ami et moi n'avons qu'un seul cœur *à* l'intérieur de ces deux corps. S'entraider et se soutenir sont les raisons pour nouer une amitié. ”

Une amitié franco-chinoise.

Aux dernières nouvelles, brave Monsieur Li a échappé au COVID-19 en le précédant lors d'un voyage en Italie et en France avant de se confiner *à* Qingdao. Même le coronavirus ne sait pas où le trouver.

L*à* où on n'attend pas Monsieur Li, c'est aussi dans ses jeux de mots qu'il affectionne entre le français et le chinois. En Chinois, Occident se dit “Xi” (qui se prononce comme “si”) et Orient se dit Dong. Il me dit un jour: “En France il y a la démocra-Xi, et en Chine il y a la démocra-Dong”, ce qui est une bonne façon de répondre polémiques par lesquelles j'ai commencé ce billet de blog.

勇敢、诚实的李先生*

崔静 译

我在中国见过许多大使走马上任，有幸与白林(Sylvie Bermann)女士进行合作，她对中国的观察更加细致入微。2011年11月，她同意前往青岛参加由我担任校长的青岛法语联盟的落成典礼。她当时十分热情，在一个漫长而欢乐的晚会中主持了法国人和说法语华人群体之间的会面。对她来说，这是更好地了解李志清先生的机会。2014年5月，她将授予李先生学术最高荣誉，即法国一级教育勋章。当时，只有两位中国人获得了法国的这一殊荣。

如果没有李先生，我可能永远不会去中国工作，或者无论如何不会在这么年轻的时候就去工作。1998年，我在昂热(Angers)遇到他，当时我刚在美国居住一年。他正在为济南的山东大学法语系寻找一名外教，并向昂热大学的对外法语硕士研究生伸出了橄榄枝，我就是其中之一。经过大约20分钟的面试，他答应给我这份职务。当时我们班上只有两个人申请，因为那个时候的中国对法国人来说十分神秘、茫然和遥远。之后李先生渺无音讯了，几个月我都没有再听到他的消息。那还是一个通过信件和固定电话进行沟通的时代。那是一个为某条消息必须耐心等待数月的时代。那还是一个人们重视诺言的时代。

我一直等到1999年6月才收到来自中国的正式邀请信。那时，我和女友史蒂芬妮住在圣西尔万茹鹦鹉岛租的一座小楼里。尽管信中的汉字我当时并不大认识，但盖有后来屡见不鲜的红色印章。我拿到这封信时，心情万分激动。李先生遵守了他的承诺。我和史蒂芬妮怀着年轻人特有的信心向各自的家人宣布了我们将前往中国。

---

*法语原文原载《禁足日记》[*Fragments et Fils*(éditions pacifica)]，2020年版，第150—156页。

李先生总是出现在人们意想不到的地方。他是一位知识分子的儿子、不知疲倦的旅行者和法国文学的推广者,他更是中国的一位法国文学专家。很少有学习法语的中国学生没有接触过这位熟知莫里哀语言的李先生。李先生毫不犹豫地引用这位作家的话来想象他未来的死亡:在他的"舞台"上,也就是在学生面前的讲台上离开这个世界。他在非洲完美地掌握了法语。20世纪80年代在毛里塔尼亚,他的勇敢让他得到了国家的充分认可。在政变如火如荼时,他组织了一支车队前往中国大使馆,保护了处于危难中的当地职工。

1999年8月底,我们到达北京机场时,我请刚从昂热大学回到中国的同学薛梅来接我们。她没用多长时间就接到了我们,李先生并不在场,他在海关出口处,见到了我们就立马用汽车把我们带到火车站,乘坐直达火车前往济南。如果说这次与中国的首次接触让我想起什么颜色,那当然是中国人在筹备共和国五十周年庆典时装饰在北京街头的旗帜上的红色,也就是李先生用来援救毛里塔尼亚职工的那面旗帜。

我在山东大学法语系做了两年外教,李先生当时虽然是系主任,但他还是很快就又前往了昂热,在昂热大学做了一年客座教授,他向我们介绍当地的特色美食。对我的家人和朋友来说,能够在安茹见到我在中国工作单位的负责人,当然是一件令人欣慰的事。

2009年,我在参与建设青岛法语联盟的过程中再次与同为校长的李先生相遇。作为法盟的同事,我们在那儿度过了共同从事法语教学和法中交流的美好时光。今天我才很难过地知道,青岛法语联盟自2018年起不复存在。随着时间的推移,我们总是对美好的回忆感到悲伤无限,正如我们对糟糕的回忆一笑而过。

《禁足日记》封面

2015年,李先生同意与法语联盟基金会驻中国总代表罗迪赛先生一起,在我与史蒂芬妮在青州的婚礼上发表婚礼致辞。在中国,上司给员工发表婚礼致辞是一种风俗习惯。毕竟,李先生是我的第一位中国上司,随后他成为我的同事和朋友,正如利玛窦在其《友谊论》中所说:“我的朋友不是另一个人,他是我的一半,他就像第二个我;所以我看我的朋友就像看我自己。虽然我们有两个不同的身体,但我和我的朋友在这两个身体里只有一颗心。互相帮助和互相支持是产生友谊的缘起。”

一段中法友谊佳话。

我最近听说,勇敢的李先生在新冠肺炎疫情之前去意大利和法国旅行了,也因此躲过了新冠肺炎疫情,随后才在青岛隔离。甚至新冠肺炎病毒也不知道在哪里可以找到他。

李先生总是让人出其不意还在于他喜欢在法语和汉语之间玩文字游戏。在中文里,Occident读作“西”(发音类似于“si”),Orient读音为“东”。他曾对我说:“在法国有‘德莫科洛西’(démocra-Xi),在中国有‘德莫科洛东’(démocra-Dong)”,这是对我这篇博客开头那篇论战的一种很好的回应方式。

Un Chinois adepte de Voltaire*

Professeur invité à Angers, le professeur LI Zhiqing veut développer les échanges franco-chinois

Zhiqing LI enseigne habituellement la littérature française à l'Université du Shandong située à Jinan, à 400 km au sud-est de Pékin. Dans le cadre du développement des échanges internationaux, et connaissant déjà bien la France, il intervient actuellement en tant que professeur invité à l'ESTHUA, l'École supérieure de tourisme et d'hôtellerie de l'Université d'Angers.

La France, le professeur LI connaît bien. C'est même son onzième séjour dans l'Hexagone qu'il a découvert en 1980. C'est déjà loin. "À l'époque, chez nous en Chine, le magnétophone était un luxe, la machine à laver ou le réfrigérateur aussi. La France était pour nous un autre monde," confie-t-il, d'une voix posée. "Aujourd'hui, là-bas, cela bouge beaucoup grâce à l'ouverture économique," poursuit l'enseignant. Et cela ne va pas sans poser des problèmes, en particulier pour la protection de l'environnement: "On veut vite développer l'économie et en même temps on pollue." Seulement, rançon du développement, le chômage est aussi devenu une réalité pour les Chinois. Selon les chiffres officiels, il touche 3% des actifs. "Nous devons donner du travail à la population. Toutefois, nous faisons attention aux sites d'implantation des usines qui ne sont plus systématiquement autour des villes," indique Zhiqing LI.

Il est arrivé en France avec sa femme, et sa fille Mengyang. Un joli prénom qui signifie "On rêve du soleil". Premier contact à Paris, et premières impressions. Il s'

*Cet article a été publié dans *Quest France*, le 12 mars 2000.

étonne tout d'abord du nombre important de militaires déployés dans la capitale *à* l'occasion du plan Vigipirate pour garantir la sécurité dans les lieux publics. "On critique toujours la Chine, mais cela n'existe pas chez nous," observe-t-il.

Philosophe *à* ses heures, Zhiqing LI cite souvent la célèbre phrase de Voltaire, tirée de *Candide*: "Il faut cultiver son jardin." Pour lui, ce message est riche de symboles : "Il faut s'occuper de son travail, manuel ou intellectuel, et savoir développer ses compétences." Ainsi, la culture française passionne-t-elle férocement l'enseignant en littérature. Les monuments historiques, la peinture, la musique et, évidemment, la littérature ont séduit l'intellectuel. À tel point que le professeur LI projette aujourd'hui de créer un institut franco-chinois afin de favoriser des échanges qu'il juge trop limités aux pays anglophones. Comme il aimerait bien provoquer un jumelage entre Angers et une ville de la province du Shandong. Ainsi, *à* 56 ans, Zhiqing LI, doyen du département français de l'université du Shandong, et aussi président de l'Association des enseignants de langue étrangère de Chine, est plus qu'un enseignant. Il est aussi un ambassadeur de la culture française. Tout l'intéresse. Jusqu'au football. Il se promet d'assister *à* un match du FC Nantes. Car Zhiqing fut un bon gardien de but de l'équipe de l'Université de Jinan.

中国的伏尔泰迷*

崔静　译

李志清一直在济南的山东大学（位于北京东南方向400公里）教授法国文学。在国际交流日益加强的背景下，“法国通”李志清目前在昂热大学的旅游与酒店管理学院担任客座教授。

李教授对法国了如指掌。因为这已经是他第十一次访问法国了，距他1980年第一次来法国已经过去了很长时间。他平静地说道：“那个年代，录音机、洗衣机、冰箱在我们中国是奢侈品。法国对我们来说是另一个世界。”他娓娓道来：“如今，改革开放带来了巨变。在这一过程中也暴露出一些问题，特别是在环境保护方面。我们希望快速发展经济，但同时也造成了污染。”这一切都是发展的代价，与此同时，失业也成为中国人不得不面对的现实问题。官方数据显示，3％的职工受到影响。教授指出：“我们应当让大众就业，但我们也十分注重工厂选址，使其不再建在城市附近。”

他与他的妻子及女儿一同来到法国。女儿“梦阳”是个美好的名字，意为“我们梦想着太阳”。第一次来到巴黎，他对部署在首都巴黎的大量警察感到惊讶，这是保障公共场所安全的“反恐”计划的一部分。“外界总是在批评中国，但中国却不存在这种情况。”

李志清还是位哲学家，他经常引用伏尔泰在《老实人》中的名言：“你必须耕种自己的菜园子。”对他来说，这句话充满象征意义：“不管是体力劳动还是脑力劳动，都必须好好工作，并知晓如何培养自己的能力。”法国文化让这位教授如痴如醉。历史遗迹、绘画、音乐，当然还有文学，都吸引着这位知识分子。李教授现在正计划创立一所中法学院，目的是促进中法交流，使交流不局限于英语

*法语原文原载《西部法兰西报》2000年3月12日。

国家。他目前正在牵头促进昂热市和山东省的一个城市缔结友好城市关系。因此,现年56岁,担任山东大学法语系主任、中国大学外语教学指导委员会副主任的李志清,已经不仅仅是一名教师,更是法国文化的大使。他对什么都感兴趣,甚至是足球。因为之前他曾是大学足球队的优秀门将,他甚至决定要参加南特足球俱乐部的比赛。

一位古稀老人的棕榈志中法情*

冯文波

2013年4月25日至26日，法国总统奥朗德对我国进行了正式友好访问，进一步拓宽了中法两国交往的“友谊之路”。回望中法建交的半个世纪，在两国人民的友好交往中，不乏文化传递的使者，中国海洋大学的李志清教授就是其中的一位。创办山东法语联盟（青岛），创新法语教学，编著法语教材，培养法语人才，三获法国政府颁发的“金棕榈文化教育勋章”……如今，年近70的他依然行走在法语人才培养和中法文化交流的大路上。

生于战乱年代，长于书香门第

1944年的上海，虽处在日本侵略者的残酷统治之下，但作为国内重要的经济文化中心，依然是广大爱国青年和进步人士云集之地，他们宣传民主思想，组织开展爱国斗争，为祖国的解放奔走相告，复旦大学历史系教师李毅夫就是其中的一位，他经常与郭沫若、翦伯赞、傅雷等进步人士探讨学术、评议时事。1944年4月6日这一天，伴随着婴儿的一声啼哭，李家的第四个孩子降生了，取名志清。

李志清（右）和母亲在一起

李志清出身书香门第，他的父亲是留美化学硕士，回国后在复旦任教。据李志清回忆，小时候家里的文化氛围比较浓厚，一方面是因为

*本文原载中国海洋大学《观海听涛》2013年7月3日。

父亲在大学任教,免不了受其影响;另一方面是因为父亲的很多朋友常来家里做客,探讨的也都是进步思想、先进文化,日久天长也深受熏陶。郭沫若、翦伯赞、傅雷等经常去李家做客,每当他们来访,父亲都要求李志清在一旁倾听。客人散去,父亲会让他复述讲话的大致内容和基本要领,回答得好,就会有一点奖励,如若回答不好,就会招来父亲的批评和责罚。相对于父亲的严厉,母亲则比较温和,时常教育他好好读书、本分做人。

李志清兄弟姊妹7个,他排行老四,哥哥姐姐年长他很多,很早就去了外地学习或者工作,弟弟妹妹们也于1958年跟随父母到了山东曲阜师范大学,更多时候他一个人留在上海读书,直到1967年大学毕业参加工作。所以,小时候兄弟姊妹之间的关系不是很密切。李志清说,他们家是典型的“教师之家”,兄弟姊妹7个中,后来有5个当了教师。

崇拜傅雷,勤学法语

1962年的中国刚刚经历了“三年经济困难时期”,一切都在复苏,就在这一年,李志清考入了上海外国语学院法语系。谈起当初报考法语专业的初衷,李志清说:“有两个原因,首先是兴趣,自己比较喜欢文学,当然或多或少也受父亲留美经历的影响,对外文的东西比较感兴趣;另一个是受傅雷的影响,小时候有机会见到傅雷,也知道他是从事法国文学作品翻译的,很羡慕,也很崇拜,甚至想着有朝一日可以跟他学习法语。”

李志清的大学时代正值“文革”前夕,但风雨已经弥漫校园,因为他的祖父是资本家,1949年又去了台湾,于是“出身”不好的他就成了大家想要改造的对象。据李志清回忆,当时做事谨小慎微,每天只专心做好两件事:学习法语和锻炼身体,其他事很少参与。他每天都准时打开收音机收听中央人民广播电台的新闻节目,并尝试着翻译成法文。他说,同声传译和即席翻译的能力就是在那时候练就的,一直让他受益终生。班上的同学一直以为他是在主动关心政治、积极追求进步,也就对他网开一面,免受批斗之苦。

在那风雨交加的年代里,人人自危,李志清岂能例外,尽管他低调而又小心地过着自己的大学生活,害怕引火上身。但还是有噩耗传来,因不堪批斗与屈辱,1966年9月3日上午,傅雷和夫人被发现双双自杀于家中。傅雷的死,给李志清带来沉重的打击,还没来得及向他学习法语,还没来得及和他说再见,还没来得及……李志清受够了这样的生活,只希望这样的悲剧不再发生,这样的日子赶快过去。

1966年本应是李志清这届学生毕业的一年,但因举国上下都忙于“文化大革命”,于是他们的毕业分配事宜被搁置。班上的同学大都忙于政治运动,也无暇关心学习和工作的事情,李志清却坚信他的法语不会白学,他的知识会有用武之地,终有云开月明的一天。

大学任教,下放劳动

1967年10月,中央向各学校发出了“复课闹革命”的号召,于是李志清终于迎来了毕业离校分配工作的日子,他被分配到了西安外国语学院当老师。生于上海,长于上海的他初到北方有些不适应,特别是生活上,因为吃不到大米而经常饿肚子。工作上还好,因为和学生年龄相差不大,也很聊得来,备课、讲课、课外活动倒是轻松得很,初为人师的那段时光给他留下了很多美好的记忆。

美好的时光总是短暂的,李志清参加工作没多久,又有新的指示,要求知识青年到农村去,消灭“三大差别”(工农差别、城乡差别、体力与脑力劳动差别),他被分派到山东鱼台农机修造厂当了一名工人。在工厂劳动期间,李志清感觉自己满腹的法语知识再无用武之地,搞专业研究也毫无希望,索性专心钻研农业机械制造,竟然小有成就,发明了一种名为“无动力输出旋转钉齿耙”的机械设备,因此从技术员晋升为工程师,并被推荐参加了1978年召开的山东省科技大会。

在工作稳定和稍有起色的同时,李志清的家庭生活也在发生着变化。先是到山东工作实现了他和父母团聚的愿望,再是1973年他也组建了自己的家庭,并增添了一个可爱的小生命。在李志清看来,似乎一切都在朝着稳定健康的方向发展之时,他的命运又起了变化。

两遇“伯乐”,先入山大,再进海大

就在李志清已经习惯了机械工人的生活,并觉得法语研究和自己已经无缘的时候,一次偶然的相遇,又让他看到了从事法语专业研究的希望。原来在1978年的山东省科技大会上,李志清巧遇山东大学党委书记孙汉卿,后者了解到他是学法语的之后,高兴地邀请他去山大任教,并表示山大正在筹建法语系,李志清欣然接受了。也正是在进入山大的那刻起,李志清的法语教学和研究之路逐步转入正轨。

20世纪70年代末的山东大学法语系还只是停留在酝酿阶段，由于建设方案、师资、章程等都还没成形，于是李志清初期的工作主要是给学生讲英语，并奔走各方协调处理法语系的筹建工作，这期间他先后担任了山东大学英语教学部的副主任、外国语学院的副院长。直至1994年法语专业创建，用李志清的话说，时间很长，从他进入山大工作到法语系正式成立经历了16年的时间，但结果是好的。之后山大法语系在李志清的带领下逐步踏上发展快车道，人才培养、科学研究秩序井然，成绩显现。岁月流转，随着年龄的增长，如果没什么特殊情况，李志清会在山东大学退休。可命中注定他偏偏是个停不下来的人，2000年他再次相遇“伯乐”，他的人生轨迹又一次迎来了转折。

2000年年初，李志清约见一位正在山东省政协开会的朋友，他的朋友向他介绍认识了同在济南开会的时任青岛海洋大学校长管华诗，管华诗盛情邀请李志清去青岛，并希望由他创建青岛海洋大学的法语系。56岁的李志清面对管华诗院士的真诚邀约，再次被感动，他决定放弃即将退休后的悠闲生活，去青岛海洋大学开创另一新天地。

潜心著书立说，培养法语人才

青岛海洋大学外国语学院历史悠久，著名文学家、翻译家梁实秋曾在此任教，但法语教学却从未有人涉猎，李志清的到来无疑为学院的学科建设增添了亮丽的一笔。2000年李志清到校之后，尽管困难重重，但在校方的大力支持下，他依然大刀阔斧地推进法语系的创建工作，没有合适的教材就自己编，没有恰当的教学大纲就自己定，没有师资就亲自上阵，并积极搜罗聘请外教和国内优秀法语人才……事无巨细他都要操心，以至于学院门口传达室的人都记住了他，每天来得最早，走得最晚。

功夫不负有心人，在2000年9月新生入学的时候，法语系迎来了第一批学生22人。谈起报考法语专业的初衷，现如今已成长为骨干教师的法语系副主任房立维说，当时觉得法语系刚成立，学校在第一批学生的培养上一定会下大力气，于是就报了。来了之后，庆幸自己的选择是对的，因为李志清教授也在这儿。同样的话，很多报考海大法语系的学子都说过，选择法语系，就是“奔着”李志清来的。

李志清在法国选购图书

李志清说："作为一名老师，学生喜欢我，这让我感到很欣慰。我会把这种喜欢当作一种动力，将其源源不断地投入对学生的培养中。"李志清是这样说的，也是这样做的。法语系成立之初，师资匮乏是困扰李志清的一大难题，虽然聘请了几名外教，再加上他自己加班加点地授课，也能维持正常教学秩序，但这只是权宜之计，从学科发展的长远考虑，还是要培养中青年教师，形成人才梯队。于是他作了一个大胆的尝试，从法语系自招的学生里培养教师。他在教学之余，注意观察什么样的学生适合当教师，就找他们谈话，做他们的工作，鼓励他们朝着法语教师的方向努力。对于2001年李志清教授找自己谈话的场景，房立维依然记忆犹新："李老师认为我和班上的崔丹丹同学比较安静，属于安心做学问的类型，就建议我们争取3年本科毕业，然后继续读硕士和博士，再回来教学。"从本科阶段选出适合当教师的好苗子，再到硕士、博士毕业，这期间需要漫长的等待，李志清宁愿自己累点，辛苦点，多付出点，也要坚持把这件事情做成。学校对于他的决定给予了支持，允许两名学生在修满全部课程的情况下，提前一年毕业。海大法语系没有博士点，李志清就利用自己是法国多所大学博士生导师的身份，推荐她们去法国读博士，并和当地教授一起担任她们的联合培养导师。如今房立维、崔丹丹都已成长为法语系的骨干教师，在自己的职业生涯规划上，她们心中永存对李志清教授的感激之情。房立维说："当时，李老师完全可以从外面引进师资，但他没有这样做，而是坚持用自己培养的学生，直到我们毕业入职……"按照同样的思路，李志清又从2001级学生里选拔了两名适合当教师的好苗子进行培养，如今也已登上讲台。在李志清的努力下，如今的法语系已搭建起十几人的师资队伍，并呈现老、中、青梯队层次合理，中教外教相容的良好局面。

虽近古稀之年，李志清依然保持着对法语研究工作的热爱，且干劲十足。为了把自己多年来从事法语教学的经验总结下来，他先后主编了《大学法语》《法国语言与文化研究》《大学法语教学大纲》《新大学法语》《21世纪大学法语》《20世纪法国文学》《大学交际法语》等多部著作，且很多都是国家"十五""十一五""十二五"规划教材，他主编的《新大学法语》一直是国内众多高校法语专业的指定教科书，每年保持着至少2万册的发行数量。除了在专业法语领域的孜孜以求和不懈探索之外，李志清还积极为法语推广工作努力着。他曾担任三届教育部大学外语教学指导委员会副主任兼法语组组长，三届教育部大学外语教学研究会副会长，至今依然担任教育部大学法语四级考试组组长……为了表彰他在法语教学大纲制定、教材编写、考试大纲制定、组织考试这一系统工程中的突出贡献，2005年教育部为其颁发了国家优秀教学成果二等奖，这也是迄今为止我国法语界获得的教学成果最高奖。

三十多年来，李志清潜心著书立说，精心培养法语人才，为我国的法语研究和教学做出了卓越贡献，2008年他被聘任为二级教授，也是我国法语教育界仅有的三名二级教授之一。

搭建中法文化交流之桥，三获金棕榈文化教育勋章

李志清认为自己有两个饭碗：一是在中国讲授法语，一是在法国传播中国文化。也正是这"两个饭碗"让他为中法文化的友好交流搭建起一座座桥梁且硕果累累。

法语联盟是一个以传播法国语言和文化为宗旨的非营利性组织，在我国以"中外合作学校"的性质注册，其主要业务是教授法语，同时为赴法留学人员提供便利并组织中法文化交流活动。在李志清的积极协调下，2007年5月24日，山东法语联盟（青岛）在中国海洋大学揭牌成立，李志清任中方校长。联盟成立六年来，不仅开启了中法教育及文化交流的新篇章，也为推动青岛、山东乃至全中国和法国的教育合作与文化交流产生了积极作用。除此以外，李志清还积极促成中法城市间友好关系的建立。在他的努力下，2005年和2006年青岛市分别与法国南特市和布雷斯特市缔结友好城市关系，2012年为表彰李志清在增进

中法友谊、发展布雷斯特市和青岛市友好关系等方面做出的贡献，李志清被授予布雷斯特市“荣誉市民”称号。

由于李志清在法国积极推广宣传中国文化，他在法国学术界和教育界的声望与地位不断提高，并得到大家的认可。他先后被聘任为巴黎第七大学、昂热大学、雷恩第二大学、西布列塔尼大学、南特大学、土伦大学的客座教授，同时成为马赛第一大学、西布列塔尼大学、南特大学、土伦大学的博士生导师。鉴于李志清在中法文化交流方面的突出贡献，1996年法国政府授予他金棕榈骑士勋章，2005年授予他金棕榈军官勋章，2013年他又获得了金棕榈统帅勋章，这是法国政府颁发的金棕榈文化教育勋章的最高奖，在中国法语教学界仅一人获得。

退而不休，余热生辉

如今，李志清已退休多年，但他依然闲不住，只要不出差，还是很早就到办公室，并坚持带研究生，给学生上课，搞法语研究。有人劝他说，操劳大半生，年近70了，就别折腾了，享享清福算了。他却说，我热爱法语，喜欢教书，应该站在讲台上，就如同战士应在战场上一样。

法语系每年招收7—8名研究生，李志清自己就要带4—5名，还有法国相关大学的博士生也需要他培养。在系有关领导的一再要求下，从2011年开始，他不再给本科生上课，但他依然与本科生保持密切的联系，随时欢迎学生去他办公室请教问题。李志清说：“我喜欢和年轻人交流，也愿意在学术方向上给他们以指导。”

谈到未来，李志清说，现在青年教师逐步成长，法语系发展得越来越好，这方面已不用他操心。他希望在有生之年，继续做好两件事：一是充分利用自己在国内法语出版界的声望，在法语教材和相关著作编写方面让更多的青年教师参与进来；另一方面是利用自己法国相关大学博士生导师的身份，为更多的学生去国外深造创造机会。

生命不息，工作不止。在李志清的世界里似乎没有“停歇”二字，他将一直沿着法语人才培养和中法文化交流的道路走下去……

志清趣事

· 眉毛的故事

初见李志清的人，大多会被他一双浓密乌黑的眉毛吸引，并因此而记住他。因为这眉毛长得实在是茂盛，如鲁迅先生笔下的“野草”般生机勃发，也如鲁迅先生的“一”字形胡子一样个性十足，而且是很浓重的两笔。

李志清每每走在大街上，占卦看相的江湖术士看到后，都会喊住他，说：“老先生你这双眉毛好得很，我给你算一卦。”李志清摆摆手，一笑而过。别人谈论得多了，李志清也会自嘲说，自己的眉毛配上五官很像一个大写的“苦”字，或许这也正是他对酸甜苦辣人生的一种自我解读吧！

· 与法国友人的故事

李志清爱交友，在法国也不例外。法国总理让-马克·埃罗是其中的一位，有一次李志清前去拜访，一进办公室发现对方桌子上摆放着有损我国主权的旗帜，李志清要求对方赶紧收起来，不然他转身就走，取消谈话。对方只好收起旗帜，谈话才得以继续。李志清说，他们还是不了解中国，建议他们亲自去西藏走一走，看一看。

有一次，李志清在法国友人的陪同下参观卢浮宫，一圈下来，这座世界上最古老、最大、最著名的博物馆着实让他赞叹不已。旁边的法国友人说话了：“怎么样，是不是比你们中国的故宫漂亮很多？”李志清笑着说：“你如果这样说，我就不客气了。卢浮宫好是好，但里面很多东西都是抢来的。”对方只好告饶。

· 入党的故事

大学期间，李志清被认定为出身不好，所以，连共青团也没资格加入，更别提入党了。

1979年，李志清前往非洲国家毛里塔尼亚，参与中国政府在当地的援建项目，并担任翻译。正赶上当地发生军事政变，中方援建人员所在的工地也岌岌可危，枪炮声此起彼伏，时不时有子弹划过。参与建设的300多名当地工人需要尽快转移到安全地带，怎么办？关键时刻，李志清找来中国国旗插在吉普车头，独自开道，运输工人的车辆紧随其后，一路冒着随时可能被子弹击中的危险，冲过多道关卡，最终抵达安全区域。

政变平息之后，时任中国驻毛里塔尼亚大使赵源去工地慰问，得知李志清的事迹后，赞赏有加，听说其还不是中国共产党员时，建议党组织尽快发展入党。李志清申请入党的有关材料递交到山东大学，又从山东大学反馈到中国驻毛里塔尼亚援建地。在入党大会上，有人表示异议，说："请李志清谈谈对家庭成长环境的认识。"赵源大使力排众议，"谈什么成长环境，军事政变发生的时候，你在哪儿？"就这样，李志清加入了中国共产党。

李志清:耕耘在自己的菜园子里*

纪玉洪

作为一名法语教师,我不重个人有什么惊人之语,倒是十分欣赏法国哲人伏尔泰的一句话:耕耘自己的菜园子。无论做人、做学问还是做事业,都要正确选择自己的位置。唯有老老实实做人,专注于本职工作,才能收获丰厚的果实。多年来我一直奉这短短的一句话为圭臬,并身体力行之。

——李志清

1967年,李志清教授踏上教坛,转眼已是四十载春秋。其间,风风雨雨的政治运动,跌宕起伏的人生波折,始终没有动摇他当一名人民教师的意愿。漫长的历程中,他从未感到疲惫。迄今为止,他最欣慰的是学生的成功,最害怕的是学生的蔑视,最看重的是学生的尊重。

传播知识绝非教师的主要职责,更为重要的是使学生学会读书和思考,进而学会发展和更新原有的知识,使其具有原创精神和创新能力。唯有如此方能培养出"青出于蓝而胜于蓝"的人才。正是由于始终奉行这项原则,李志清教授才得以在自己的岗位上做出了骄人的成绩。

诲人不倦育人才

李志清教授先后执教于西安外国语大学、山东大学和中国海洋大学,教学工作硕果累累。四十余年来,他一直担任基础法语、大学法语、专业法语知识(文学、文化、翻译)等课程的教学工作,平均每周上课超过14学时,教学需要时甚至达到了20学时以上。每年培养专业法语人才20人以上,二外法语人才40

*本文原载《中国海洋大学报》2007年9月30日第四版。

人以上。2002年至今，除了本科教学工作外，还担任了法国文学及文化研究方向的研究生教学任务，培养法语专业硕士研究生10名及与国外共同培养的博士生3人。当学校需要时，他总是毫不犹豫地放弃自己的休息时间，甚至放弃了很多个人利益，全身心地投入教学工作中。尽管许多课他已经教了很多遍，但他仍然会花费很多的精力认真地准备每一节课。因为他认为，教学是一门艺术，艺术是无法被定义和规范的。因时、因地、因人而不断地丰富，无休止地变化方能使一堂课变得赏心悦目，教师的教学目标方能真正实现。李志清教授非常注重用传统的中华美德来启迪学生的情操和智慧。他认为，词语越简单、越普通，则越有效。而以身作则更是至关重要，教师的学识、思想、风度、待人接物都会成为学生的终生楷模。他曾经坦言：较之“学生”，他更喜欢“弟子”一词，因为其中饱含着亲情。在教学实践中，李志清教授还努力践行有教无类的古训，并成为所有学生的忘年交，有学生取得成绩时会和李老师一起分享快乐，有学生得意忘形时会在李老师面前“表现”一番，有学生自觉前景暗淡时会找李老师求助，有学生失恋时会向李老师倾诉……由此，李老师不仅成为学生们心目中令人肃然起敬的良师，更是一名可亲可爱的“慈父”。至今，李志清教授已经累计培养了数百名学生，可谓桃李遍布、满园生香。每逢佳节和恩师寿诞，无数满怀感激的弟子会从世界各地向老师祝贺、问候，形成感人的场面。试想如果不是老师四十年如一日地诲人不倦，又怎么能在学生心里留下如此长久的感动呢。

胸怀宽广泽后生

作为一名德高望重的老教师，李志清教授胸怀宽广、坦荡无私，他为栽培年轻教师可谓呕心沥血。他经常听年轻教师的课，并和他们深入探讨一节课的得与失；同年轻教师一同备课，随时交流心得。

就是对自己所从事的教学研究和专业课题研究，他都会吸收年轻教师参加。目前，法语专业教师的科研成果在中国海洋大学外国语学院是最多的，在全国法语专业也名列前茅。

为使年轻教师能够有国外学习的阅历并同时获得国外的学位，他利用自己的影响积极开展同国外大学的合作，目前所有30岁以下的年轻教师都获得了法国和中国的双重学位，其中有三人正在以合作培养的形式在职攻读博士学位，一人已经开始撰写博士论文。

在很多人都对自己的成果严加保护的情况下，李志清教授恰恰打破了这一惯例，无私地为年轻一辈提供广阔的发展空间，甚至因此牺牲了自己的一些利益。而他本人却常常以“平凡”二字解释自己。以平常态度为高贵事，如此的豁达和从容怎能不令生活在利益驱动的社会中的人们肃然起敬！

创新求变济大众

李志清教授从来不是一个墨守成规的人，他思想之活跃、创新之勇气，即使同年轻一辈相比，也毫不逊色。因为，他深深懂得，唯有学识渊博的教师方能为学生所佩服，唯有得到学生的赞赏，教学方能事半功倍。教师的一生之所以充实，是因为他必须不断地更新知识，对于学术研究的前沿了如指掌方能高屋建瓴地指导教学。

多年来他从未停止过对法语教学内容和教学方法改革的探索和研究。其治学之严谨、研究之深刻，堪为年轻教师的楷模。他先后主持编写了多部教学大纲和统编教材，由此使我国的大学法语教学由完全的语法翻译法逐步过渡到适合我国国情的交际法。2005年，他主持完成的“国家教育部大学法语系列教学文件及大学法语十五规划教材”获得国家级教学成果奖二等奖。

李志清教授还十分重视教学手段的研制、开发和应用。他主编的普通高等教育“十五”“十一五”国家级规划教材《新大学法语》都配有多媒体课件，这在国内法语界为首创。目前在编制的还有与“十一五”国家级规划教材《新世纪大学法语》和高等教育出版社的《新大学法语简明教材》配套的教学多媒体课件。先进的教学手段使更多的人乐于投入法语学习。

变则进，不变则退。多年来，李志清教授始终站在教学实践和学术研究的前沿，正是归因于他那永远活跃的思想。而四十年始终求新求变，也源于他——一名心系教育的知识分子对国家和社会怀有的强烈的、不可熄灭的责任感。这样的成就必定令当前少数居安不变、坐吃山空的人惭愧和警醒。

治学严谨硕果丰

李志清教授不仅是一名勤勤恳恳的人民教师，还是一位著作颇丰、令人敬佩的学者。他在语言学与应用语言学、法国文学和比较文学等三个领域进行了长期的耕耘,收获了累累硕果。

改革开放后,他对统计语言学、社会语言学和考试学进行过较深入的研究,当时在全国法语界处于领先地位。1990年,在法国国家教育研究所期间,李志清教授对欧共体的外语教学大纲(Niveau Seuil)进行了系统的学习和研究,对于科学地编写全国法语教学文件和教材起到了至关重要的作用。另外,他还在应用语言学领域发表多篇学术论文。

他对法国文学的研究主要着眼于对20世纪文学的宏观研究,较早地提出20世纪文学的绝对性和非传递性,系统地对20世纪小说进行了梳理和归类。在该领域发表论文10篇,并有大量的文学译文。

文化上的差异造成了法国朋友对中国文化的误读,他又产生了对比较文学和比较文化的研究兴趣,先后在法国用法文发表多篇论文,对于扩大中国文化在国外的影响起到了一定的推动作用。与此同时,他指导了数篇较有质量的有关比较文化和比较文学的硕士论文,尤其关注对谢阁兰和程抱一的研究。目前他正在和南特大学合作编写《中法比较文学》一书。

"为学者,就要做出点实实在在的学问。"他常常以此来鼓励自己在学术领域勤奋耕耘。常年承担繁重的教学任务,处理烦琐的行政事务,李志清教授却从来没有放松过对自己研究学问的要求。忙碌的工作和生活的起伏从来未曾磨灭他身上天真浓烈的学者气质,知识分子的执着和质朴催促他时时自醒,从不懈怠。

"春蚕到死丝方尽,蜡炬成灰泪始干。"无数歌颂教师的篇章引用过这个比喻来歌唱老师。同样正是本着这样一种质朴的感情和坚定的信念,李志清教授在四十余年风风雨雨的教师岗位上兢兢业业、勤勤恳恳,耕耘在自己的菜园子里,做出了一番令人敬佩和仰止的成就,他的教学和师德感动和影响了数以千计的弟子,并且将继续惠及更多在学海中畅游的学子!他的名师风范值得我们每一位为人师者引为榜样!

感动，印在我们前行的足迹里*

刘雯文

李志清教授是中国海洋大学外国语学院西语系主任，被巴黎第七大学、昂热大学、雷恩第二大学、西布列塔尼大学等学校聘为客座教授，现为西布列塔尼大学和马赛第一大学博士指导教师。2005年，获得国家级教学成果奖二等奖、法国政府颁发的金棕榈军官勋章。这一年，他的《新大学法语》《21世纪大学法语》《20世纪法国文学》《中法比较文学》等4套19册教材列入了普通高等教育“十一五”国家级规划教材。

著作等身和荣誉满身的李志清教授，在学生的眼中是个怎样的老师呢？

对李老师的感情就像孩子对父亲

2000级法语系邵娟：我是中国海洋大学法语系第一届的毕业生，现任教于中国海洋大学法语系。六年来与李志清老师的关系从师生到同事，唯一没有改变的是对法语专业的热情和对李老师的感情。回想起大二时第一次上李老师的课，他浓浓的眉毛和说法语时厚重的力道给我留下了深刻的印象。

讲课时他常会谈及自己的成长经历、家庭教育，并用自己的人生经历来引导我们思考应该如何待人处事。有一次他提及从小家教严格，父亲交往的朋友多是类似郭沫若这样的大家。我当时就想，难怪李老师这么有学者风范呢！从此对他的崇拜更是与日俱增。

中国海洋大学的法语专业很年轻，可以说李志清老师对它倾注了全部的心血和热情，就像对待自己的孩子一样去对待每一个学生。我们见证并经历了李老师

---

*本文原载《中国海洋大学报》，2006年12月29日第四版；收录此处时略有改动。

为中国海洋大学法语系所做出的重要贡献。大家对李老师的感情都很深,就像是孩子对父亲。毕业后虽然各奔东西,但每每回忆起和李老师一同走过的日子,依然感动如初。

"要对每一个人都很好很好"

2003级法语系劳舜君:明年就要毕业了,回想大学里教导过我的老师,总忘不了一个人:李志清老师。

笼罩在他身上的耀眼光环已经太多,我想说的只是他曾对我们说过的一句话:要对每一个人都很好很好。

这句话虽朴实无华,却让我感触颇深。三年来,李老师用自己的言传身教告诉我们,每个人都会由生活背景等的差异导致处事方式有所不同,但若心中总是以善意的、热情的方式去对待他人,自己和他人都会快乐。

李老师像是一个友善的学长,用他的经验和智慧帮助我们解决学习和生活中的各种问题。每年他都自己出资举行法语歌唱大赛,还支持我们组织各种活动。

能在中国海洋大学遇到李老师并有幸成为他的学生真的是一件很幸福的事,因为他带给我的不仅是专业知识,更多的是人生智慧。

"大家遇到任何问题都可以找我谈"

2004级法语系Dauphin:常在教学楼里看见李老师以百米冲刺的速度奔跑,距离办公室二十米外就一边跑一边掏钥匙像是急着去参赛的运动员。他打趣说自己从小就是足球校队的,所以要跑得比我们快。

李老师知识面宽广,说话风趣幽默,课堂上欢声笑语不断。上他的课感觉既轻松又不轻松。轻松是因为他深入浅出的语言使得课堂气氛舒缓融洽,不轻松是因为上他的课信息量非常大,笔记往往比课文多出很多倍。他对我们要求严格,但凡上课必带《法汉双解词典》,再小的语法点也要查。因为他说看法语解释不能只看汉语解释。他还非常注意微小的词义区别。这种治学态度对我影响很大,受益匪浅。

他最常说的话是"大家遇到任何问题都可以找我谈"。我们班一个男生,同窗三年的好友出国了,他感到非常孤单,这学期开学后一直情绪低落,连续一个月不来上课。李老师得知后非但没有批评他一句，反而对他表示理解，主动找他谈心，并特许他不上课调整状态。这个男生深受感动，从此再也没逃过课。

他经常出国，每次回来后做的第一件事就是把耽误的课一节不落地补回来。照顾到我们空闲时间不统一，他就在晚上8点到10点补课。毕竟是六十多岁的人了，他常需半靠在桌子上讲课，可他从不说自己“上了年纪”，只说自己“有了点年纪”……

很难定位李老师在我心中的位置，因为“李志清”这个名字从来就不仅仅代表知名教授，和他接触得越久，就越觉得他更像是很多身份的复合，是师长，又是学长，甚至像是慈父……

“忘我”从教的法语教授李志清*

蒯佳 肖梦双**

2020年，曾任“青岛法语联盟”校长的沙玮(Xavier Garnier)先生在法国出版了一本日记体散文——《禁足日记》(*Fragments et Fils*)，讲述了他近二十年来在中国的记忆点滴和生活碎片。他以一种跨文化的眼光，对中法文化交流阐述了自己的看法。沙玮先生酷爱中国哲学与中国文化，他曾先后在山东大学、北京法语联盟、山东青年管理干部学院、巴黎法语联盟任教，推动了“山东法语联盟”的建立，并先后任济南、青岛、澳门法语联盟的法方校长。他对山东省与法国卢瓦尔河大区、青岛市与南特市和布雷斯特市、中国海洋大学与南特大学以及西布列塔尼大学的合作做出了重要贡献，得到了山东省和青岛市各级涉外部门的高度评价。在这本《禁足日记》中，他提及一位对他这些年的中国之行起关键作用的人——李志清教授，高度赞扬了李教授对中法文化交流所做出的贡献。他说，如果没有李教授，他就不会有机会在年轻时候就来中国工作。

李志清老师是中国海洋大学一名法语教授。他出身于一个书香世家，从小积极进取，考入上海外国语学院法语系，毕业后被分配到西安外国语学院当老师。那时正值“文革”，几经辗转，不管情况多么艰难，李老师始终未曾放弃过对法语的执着。2000年调入中国海洋大学，他一手创办起中国海洋大学的法语系，并担任外院西语系主任。他先后主持编写了5套统编教材(共22册)，主编的《新大学法语》历经“十五”、“十一五”与“十二五”三个五年计划，这在外语教材出版界实属罕见。除了教材以外，李老师先后发表论文数十篇(在国外发表5

*本文原载《中国海洋大学报》2021年11月11日第四版；收录此处时略有改动。

**蒯佳，2004年毕业于中国海洋大学本科，2006年获法国西布列塔尼大学硕士学位，现任教于中国海洋大学。肖梦双，2017级中国海洋大学法语系学生。

篇)、译文数百万字、专著两部,并先后被巴黎第七大学、雷恩第二大学、昂热大学、南特大学和西布列塔尼大学聘为客座教授,并成为西布列塔尼大学、马赛大学和土伦大学的博士论文指导教师。李老师曾主持编写了《大学法语教学大纲》和《大学法语四级考试大纲》,至今连续主持了23年大学法语四级考试。沙玮先生还在书中提到李老师曾获得法国文化教育领域最高级别荣誉——金棕榈统帅勋章。在整个中国仅有两人获此殊荣。因其卓越的成就,李志清老师还受到法国前总统弗朗索瓦·奥朗德(François Hollande)的接见。

凡心所向,素履以往,生如逆旅,一苇以航。

在那个手机与电脑尚未普及的年代,写信还是当时最主要的交流方式之一。沙玮校长就与李老师以这种朴素的方式跨越时间与地点的障碍,建立联系和信任,也建立起深厚的友谊。隔着遥远的大陆和海洋,在此岸与彼岸,无论时代如何变迁,李志清教授始终致力于中法两国文化友好交流,让中国文化之美邂逅法国文化之韵。

在李志清老师金棕榈统帅勋章的授勋仪式上,当被问及为何会选择法语时,李老师这样回答:得益于家中的文学环境,小时候便有机会见到翻译家傅雷,受傅雷的影响,心生对法语的向往,开始阅读法国文学作品,尤为喜欢雨果的作品——《悲惨世界》,在书中找到了共鸣,也由此爱上了法语。这就为他后来致力于推动中法文化交流埋下了心灵的种子,也开启了他与法语的相识与相知。

在中国海洋大学法语系建立之初,李老师一切亲力亲为,编撰教材,教授课业,拟定大纲,培养年轻的老师,事无巨细,用孜孜不倦的勤奋照亮了法语系的未来,让法语系越走越好。除了法语系的教学,李老师也非常注重校际互动交流,与西布列塔尼大学、南特大学、昂热大学等法国大学建立联系,使法语系的学生获得去合作院校留学的机会。李老师还连续十余年创办"中法班",让中国海洋大学其他院系的学生也有机会在海大学习法语,并实现去法国继续攻读学位的梦想。在李志清老师和沙玮长达三年的不懈争取下,"法语联盟"总部最终决定与中国海洋大学合作成立"青岛法语联盟"。自此,李志清老师一直担任"青岛法语联盟"的中方校长。

作为一名教师,李老师培养了无数具有使命感的优秀法语人才和年轻一代的教师,著作等身,桃李满天下;作为文化传播使者,李老师对中法两国文化有着深厚独到的见解。他曾受邀去国内外多所大学走访讲学,在他看来,中法两国对于同一个作家的不同作品认知存在很大的差异。他也曾对此展开研究，讲座中当讲至兴起激动时，还会现场朗诵一些文学作品选段。

除了深厚的语言文学素养、风趣幽默的谈吐和通达的人文情怀，李老师的过人胆识和赤子之心也让人心生敬佩。沙玮先生在作品中介绍了这样一件事情，当年李志清老师曾于非洲的毛里塔尼亚担任翻译工作，并参与中国政府在当地的援建项目。就像影视作品所展现的那般，他们遇上了当地的军事政变。枪林弹雨下，项目工地也危险重重，情况不容乐观，300多名项目工人需要尽快转移到安全地带。李老师临危受命，一手紧握中国国旗，一手紧握北京吉普的方向盘，组织车队有序开往当地工人的居住区以保证人员安全，以一颗赤诚的爱国之心保护了大家的生命安全。那时，李老师手中红艳艳的中国国旗就是大家的保护伞，正因有了这一抹红，大家的安全才得以保证。沙玮先生说，如果有一种颜色能代表他与中国初见的印象颜色，那便是中国国旗的红，这红是五十周年国庆时北京大街小巷的红，也是当年李志清教授在非洲开道时中国国旗的红。李志清老师就像一个传播中国文化的红色使者，在他的行动下，中国的形象变得更加伟岸，中国的精神变得更加斗志昂扬。

炽热的情感、积极向上的精神、赤诚的灵魂，所有这些也深深融入李志清老师的教学中，给了学生最美的体验和最深的震撼。他曾作过一首英文诗来诉说他的教学原则，翻译成中文大体意思是：

> 当我教学时，
> 我会忘掉肉体的“我”，用一个精神的“我”上课；
> 我会忘记现实的“我”，用一个历史的“我”上课；
> 我会忘记不完美的“我”，用一个完美的“我”上课；
> 我会忘记渺小的“我”，用一个伟大的“我”上课。

三尺讲台，记刻着他的治学心血；讲桌前，铭刻着他的责任传承。虽已年长，李老师依旧奔波在他所热爱的教育事业和文化交流中。他曾说，莫里哀为世人留下了许多脍炙人口的戏剧，而将自己最后的生命留在了戏剧演出中。如若有那么一天，他愿将自己最后的生命留在讲台上。李老师的话让人为之动容，他怀着一颗赤诚之心对待教书育人，对待文化传承，不愧于传道授业，路长道远，坚守初心。

师生同框法国总统，偶然还是必然？*

尚天舒

尚天舒(左一)与法国前总统弗朗索瓦·奥朗德

我叫尚天舒，中国海洋大学2014级中法班学生，法国西布列塔尼大学电子信息工程专业毕业，研究生即将就读瑞典皇家理工大学交通运输与地理信息工程专业。

在中国海洋大学中法班，我用两年时间学习了法语，也学习了电子信息工程专业课程，顺利进入西布列塔尼大学继续学业，又是两年，我顺利毕业，拿到了法国的本科文凭，根据当时学校对于中法班的学业规划，2018年夏天，我回到海大，完成了我的毕业设计和答辩，拿到了海大信息专业的本科文凭。

这一切完成之后，我去外国语学院拜访了还坚持在教学第一线的74岁高

*本文原载《中国海洋大学报》2018年7月11日第四版；收录此处时略有改动。

龄的李志清教授——中国海洋大学中法班的创立者和维护者。中法班两年的学习其实十分艰辛：既要学法语(每周20学时)，又要学专业课(每天上午乃至周末)。在李教授和其他老师的言传身教下我坚持下来了。法国两年的学习和生活同样辛苦，我依靠李教授的人生哲理和自身的努力也坚持了下来。或许是为了给我这四年的艰辛一个交代？或许是为了告诉李老师，我实现了刚进入中法班之时，他对我们的殷殷期望？总之，我觉得我必须去见他。

在李老师的办公室里，我和他畅谈了我在法国生活学习中遇到的种种。其中就有上面那张照片，那是在布雷斯特——西布列塔尼大学所在的城市。我在学校图书馆学习，偶遇了法国前总统奥朗德。和他交谈时，当他知道我是中国海洋大学的学生时，他说："中国海洋大学？我听说过。"并且主动和我一起拍了照片。我立即联想到在校刊上的一篇报道。那是2013年，李教授在巴黎代表中国法语联盟参加法语联盟130周年庆典时，得到了当时总统的接见，并和他进行了简短而有意义的对话，其中也曾谈及中国海洋大学。

法国前总统弗朗索瓦·奥朗德和李志清教授

相隔若干年，在法国的巴黎和布雷斯特，我的老师和我，同框了法国总统。这样的巧合是不是很有意思？就连李老师，也重复了好几遍："真是好巧！真是好巧！无巧不成书吗？"

李老师的话开启了我的思路：师生同框法国总统，真的只是巧合吗？只有偶然性吗？

不是每一个中法班学生都与我一样幸运，但是反过来想，如果没有当初李志清教授和管华诗院士恳谈之后的这个决定，没有李巍然校长的精心设置，就不会有中法班；如果没有李老师对于教育事业和中法文化交流的一腔热血，中法班就不会一直存在到我入大学；如果没有李老师和其他中法教师对于我们的倾心付出，我绝对没有办法独自坚持那两年的辛苦学习并且顺利被法方大学录取；如果不是遵从了李老师的督促，打下了法语和专业课的双重坚实基础，我可能不会比较快地适应在法国的学习；哦，还有文化，李老师特别强调的文化开放交流态度，因为这个，我才能够那么快地融入法国，和法国同学、朋友愉快相处，让我的两年法国留学生活变得鲜活，法语水平也随之有了极大的提高。

如果没有这些，又哪来那张和奥朗德总统的合照呢？

我庆幸自己进入了中法班，遇到了又是严父又是慈父般的李老师。我暗暗地自励：我会如当初中法班建立之际，管华诗院士所希望的那样，做一颗撒播在欧洲土地上的中国海洋大学的种子，继续吸收养料茁壮成长，期待他日枝繁叶茂，归来报效母校。

走在探索的路上*

寇大鹏　周艳宏

呕心功血献身教育,天下桃李铭记名师风范。

——学生评价

我不重个人有什么惊人之语,作为一名法语教师,我十分欣赏法国哲人伏尔泰的一句话:"耕耘自己的菜园子。"无论做人、做学问还是做事业,都要正确选择自己的位置。唯有老老实实做人,专注于本职工作,才能收获丰厚的果实。在岸上奢望下海发财,在海里又羡慕岸上的人"优哉优哉"! 东一枪西一炮,或寄希望于上帝神仙的神力来点石成金,百弊而无一利。因此,多年来我一直奉这短短的一句为圭臬,并身体力行之。

——李志清

以上是外国语学院西语系法语教学团队带头人李志清教授的"名师寄语",正是这种执着、专注和认真使得这支年轻的团队团结奋进,孜孜以求,2007年获得山东省省级教学团队称号。面对这一荣誉,他们只是淡然一笑,"讲台是我们生命的起点,也是我们生命的终点,我们所做的都是一个为师者的本分",在接受采访时,李教授如是说。

法语教学团队随2000年中国海洋大学法语专业的开办而成立,经过7年的不断发展,到现在已形成了以李志清教授为带头人,由大学法语、法国文学、翻译理论与实践等三个主要项目研究小组组成的11人稳定团队,大多数成员都参加过国家级科研项目的研究,在法语学科研究方面有较深的学术造诣。

2000年,已近耳顺之年的李志清教授由山东大学外语学院调到中国海洋大

*本文原载《中国海洋大学报》2008年5月29日第一版;收录此处时略有改动。

学任西语系主任，组建法语专业。面对师资缺乏，没有任何基础等困难，李教授带领大家从零做起，确立"超越发展"的思路，借鉴国际国内先进的教学经验和发展模式，为本专业确立发展思路和课程设置。在专业设置上，根据国内外教学的实际情况和市场对人才的需求特点，确立法英双语教育的办学方针、"语言文学＋实用知识技能"的培养方案，注重对学生语言素养、文化知识和实际运用能力的培养，加强应用性课程的开设，培养社会真正需要的高素质法语人才。在借鉴先进经验的基础上，对教学方式进行大胆革新，采用交际法等国际上流行的外语教学法，同时首次在大学法语教学中引进功能意念、微技能、语言共核等重要概念和方法。此外，为了最大限度地发挥学生的主体作用，首次在法语教学界推出多媒体教学课件，并使之不断地丰富和完善，受到了广大师生的欢迎。

"我们最欣慰的是学生的成功，我们最害怕的是学生的蔑视，我们最看重的是学生的尊重"，这是团队惯行的原则，"我们一切的工作都是为了学生"。李教授说："仅仅传播知识绝非教师的主要职责，更为重要的是使学生学会读书和思考，进而学会和发展更新原有的知识，使其具有创新精神和能力。唯有如此方能培养出'青出于蓝而胜于蓝'的人才。"在学生培养方面，团队始终坚持高素质创新人才和复合型人才的培养理念，坚持创新性改革、实践性教学。鼓励学生充分发挥学习的自主性，注重学生综合素质的提高，不仅传授给学生必要的知识技能，告诉他们为人处世的道理，解决他们学习生活中的疑惑，更注重其舒展人格的培养。

近年来，应用外语的能力培养越来越重要，外语学习的目的也随之发生了重大转变。根据这一变化，经过数年的摸索，团队把传统的注重精讲细练的外语教学思想调整为以用外语直接交际为目标，教学过程中以语言交际为主要手段。同时积极采用多媒体课件教学，动画、音乐，以及图文并茂的文化背景材料的大量使用，不仅保证了知识的正确传播，更极大地提高了学生的学习兴趣。积极指导组织学生开展各种课外活动，如法语之角、法语讲座、法语电影晚会及各种法语竞赛等。这些课外活动的开展，使学生在娱乐中不仅学到了知识，锻炼了综合能力，更培养了其团结、协作、竞争的精神和品格。

正是因为老师的悉心调教和培养，在法语专业成立短短7年时间里先后有1名学生获得全国法语写作比赛第一名，1名学生获得全国高年级法语演讲比赛第二名，两人次获全国法语歌曲比赛第一名。年年实现学生就业率100％。

团队自成立以来,积极进行法语教学的改革和探索,专门组织力量进行教材建设,并取得丰硕的成果。现有两套教材列入"普通高等教育'十五'国家级规划教材",8套教材列入"普通高等教育'十一五'国家级规划教材"。2005年,该团队承担的"教育部大学法语系列教学文件及大学法语十五规划教材"项目获得国家级教学成果奖二等奖,并多次获得省部级、校级教学成果奖。罗顺江教授和马彦华副教授在完成教学工作的同时,归纳、总结了二十年来的教学实践经验和研究成果,先后完成了《法汉翻译理论与实践》《汉法翻译教程》等教材,后者更是填补了我国汉法翻译方面教材建设的空白。在全国法语专业中首次用法语开设经济学和管理学基础课程,并且编写了《法语经济学与管理学基础》,且该教材已经列为普通高等教育"十一五"国家级规划教材。

目前,团队研发的多媒体课件已在全国大部分高校法语教学中使用,反映良好;团队的教学成果现已被广泛应用和推广,李志清教授主编的附有多媒体课件的《新大学法语》自2003年出版后已经发行8万余册,他主编的《新世纪大学法语》也已经发行近3万册。两种教材都成为大学法语的主体教材。随着教材的普遍使用,团队研究倡导的教学理念和方法也得到了推广和应用。罗顺江教授编写的《法汉翻译理论与实践》自2004年出版发行后,业已发行第二版。尤其是《汉法翻译教程》,出版发行不到一年,便已经发行第二版。这些教学成果在实际运用中取得了良好的效果,赢得了全国同仁和学生们的一致好评。

玉壶存冰心，拙笔写师恩*

蒯佳

又到一年一度的开学期。每次看到新生们朝气蓬勃的笑脸，作为老师，我由衷地欣喜他们选择了自己心仪的专业，开始了乘风破浪的征程。回首再忆自己的大学生活，我无比庆幸自己选择了钟爱的专业，遇到了一位始终为我指引方向的恩师——李志清教授。

2000年，在我初次踏入大学校园的时候，中国海洋大学的法语系才刚刚成立，我们两位"新生"就此结下不解之缘。从本科到硕士，再到留校任教，转眼已是二十载的相依相惜。二十年来，一直呵护我成长的是我的恩师。李志清老师从大一就开始给我们授课，从语法到阅读，从精读到实践，从文学到翻译，从政治到文化，李老师就是我们的"百科全书"。在我们为学会一句新的法语而高兴的时候，又何尝体会到老师备课的艰辛、授课的孜孜不倦、殷殷切切的关注。李老师讲课从来都是站着的，年轻时如此，古稀之年亦如此；对本科生如此，带研究生亦如此，无论时间长短，始终如一。又有几人知晓老师的膝盖是有伤的，老师的腿是不能走远路的。上研究生时，我很骄傲能有李老师这样的法语界泰斗级人物做导师，也有更多的机会真正了解自己的导师。印象最深的是李老师敲击键盘的声音。他没有系统学过打字，都是用两根食指用力敲的。声音清脆、响亮，因为他办公室的门总是对着大家开着的，所以声音远远在走廊里回荡。清晨，无论我多早到教学楼，敲击键盘的声音总能如期而至；晚上，直到负责关闭教学楼的大爷来催促，李老师才依依不舍地关闭电脑，背起公文包，拖着疲惫的步伐，回家休息。无论酷暑，风雨无阻。我的研究生岁月就是在李老师的键盘声熏陶中度过的。曾经好奇地问过这位一心扑在工作上的老师："您的娱乐

*本文原载《中国海洋大学报》2020年9月11日第四版；收录此处时略有改动。

是什么?”他的回答不假思索:“没有娱乐时间,工作就是我的娱乐”。把工作作为最大的乐趣,把对法语的探索作为一生挚爱,法语已经融入了他的血脉,不可分割。我的老师让我每每想起就自愧不如,望尘莫及。

读研究生时,因为觉得做学问太枯燥,不喜读书,心浮气躁。少不了让李老师操心,费尽心思地帮我寻找合适的研究主题,反复与我商讨论文大纲,帮我从法国买原版书,供我阅读。有一次,他借给我的一本新书开胶了,被我弄得七零八落,理不清前后。李老师也不怪我手拙,自己一页一页重新粘好,仔细收藏。在李老师的推荐下,我获得了去法国攻读硕士学位的机会,为了攒钱给自己买台手提电脑,我拼命在学校外的培训机构代课挣钱。在那个年代,手提电脑还是非常稀缺名贵的奢侈品。李老师觉得这样太浪费宝贵的读书时间,就把他自己新买的手提电脑借给我,让我带到法国使用。留学期间,抱着令人艳羡的ThinkPad,我如鱼得水地查找资料,码字写论文,给亲人朋友寄邮件……日记里,会记录下李老师对我细致入微的关怀,不仅仅是学习上的,还有心理上的托举与期望。

留校工作之后,李老师更是一步步带我走进教学的广阔天地,培养我编写专业教材的能力。身为世范、为人师表、勤恳向上、志向清远。李老师用自己的实际作为来书写教师的修养和追求。在工作中,我曾犯过大大小小的错,每次李老师都选择宽容以待,平心静气地解决。记得有一次,李老师说要带我第二天去黄岛的一家法国企业参观考察,因为要赶一大早的轮渡,就约定早上5点在学校路口集合一起出发。我自以为闹钟设定没问题,就很放心地关机睡觉了。结果等我一觉睡到大天亮,开机才发现闹钟竟然没响,倒是有一连串来电提醒,整个人都懵圈了。一把年纪的老师,寒冬腊月天,在瑟瑟风中等了我很久,实在等不到,最终自己一个人走了。再见老师时,他只是轻描淡写的一句话:“当时挺生气,但后来想了想,年轻人嘛,贪睡也正常。”时至今日,当我有时被学生气到龇牙咧嘴的时候,就会想起李老师当时对我的宽容和谅解,给了我犯错和成长的机会,给了我许多温暖和力量。

我自己也始终是他的学生,会在自己感到意志薄弱的时候去倾听他的课,聆听他的讲座,重新激发一下自己的创造力和精神活力。有老师在,就有依靠,就有力量,就有源泉,就有希望。为学莫重于尊师。时至教师节来临之际,仅以此文献给我的老师,感谢他的悉心教诲,师恩如父,恩重如山。也祝愿每位同学都能珍惜细心呵护你们的老师!

认真做事 老实做人*

——记山东大学外国语学院李志清教授

彭士学 崔立宁

1995年末，山东大学外国语学院法语系主任李志清教授被法国总理授予了金棕榈骑士勋章。

“法国金棕榈奖”是法国早在拿破仑时代就设立的，用来奖掖对法国文化的推广与传播有杰出贡献的人。李志清获此殊荣在山东省至今还是首例。如今，世界荣膺此称号的也不过1000人。

年初，我们慕名拜访了李志清教授。一走进他的书房恍然进入图书馆的一隅，三张排满了书籍的书橱。有客人来，李教授顾不上已摊在书桌上的厚书，深邃的眼睛里闪着睿智与我们寒暄。

“认认真真做事，老老实实做人。”李志清普通的话语里道出他52年历程中为人处事的真谛。

1967年，李志清大学毕业被分到西安外国语学院任教。踌躇满志正待施展，十年浩劫开始了。他被下放学习，安徽城西湖军垦农场、山东鱼台农机修造厂留下了他的身影。环境变了，蚊子、跳蚤成了他形影不离的伙伴；工作性质也变了，他成了钳工。可他做人的老实劲没变，执着于研究学习的认真劲没变。白天他与工人一起操起钳子。工人们仰慕他的知识和惊人的毅力，不仅保护他，还极力为他创造学习环境。李志清也诚挚地与工人交朋友。几年下来他与工人师傅们结下了真诚的友谊，至今还书信不断。李志清设计的一架天车至今仍在运转，成了他们友谊的象征。

劳累了一天的李志清一到晚上就趴在灯下畅游书海，他说：“在鱼台每天至

*本文原载《山东工人报》1996年1月16日；收录此处时略有改动。

少坚持四五个小时的学习时间，亏了那段时间抓紧了，不然学业就荒废了。”

“疾风知劲草”，李志清逆流而上的勇毅给这句古诗做了极好的诠释。

1978年，李志清调入山东大学后，如鱼得水，用他炉火纯青的法英双语知识和“比较语言学原理”的先进教学经验在讲坛上耕耘，培养了一批批高才生。而历届学生无不被他“工作认真，一丝不苟”的踏实作风深深地感动和感染。1990年赴法考察前夕，为了赶完法语课，他不惜牺牲自己时间主动提出每星期增加两课时。

1990—1991年，李志清在法期间，行色匆匆。他心里筹划着《大学法语教学大纲》，惦记着国内大学法语教学水平的提高。他要收集尽可能丰富的第一手材料，结识法国知名的语言学者。归国时，他满载而归，“载”的是什么？是材料，是知识。

作为高等学校大学外语教学指导委员会副主任兼法语组组长，李志清先后编写了数册教材和工具书，还发表了大量论文和译文，作为外语学院副院长兼法语系主任和教授，他有许多工作要做，许多课题要研究，可他始终坚持给本科生代课。李夫人说：“他每天还批改大量的学生作业。”

李志清出名了，不仅在国内，更是名播海外，特别是法国。一时间，各种荣誉纷至沓来，当我们问及那些荣誉时，他用手在胸前一挥，像往常轻轻擦去黑板上的板书，而不愿过多地提及。

如今，经济大潮涌动，文人下海成为时尚，我们问李教授是否想过下海挣钱，他说：“挣钱的机会很多，做翻译一天就是300元，可我还有其他正经事要做。我要讲课，要著书啊！钱是为人服务的，人不能做钱的奴隶。”也有人说李教授傻，他说：“我是傻，假如不，早在赴法时就发财了。”

原来，他在国外时，有关萨马兰奇论足球的精彩译文引起了《欧洲时报》等单位的青睐，要以月薪一万法郎聘用他，面对诱惑，他没有怦然心动，仍痴心不改地做他想做的事。回国时，没有难割难舍的抉择，只有完成使命的坦然。他说：“我的天地在中国，在培养学生。”宁静的书房里流淌着李教授的慢声细语，我们像在啜饮一杯回味悠长的清茶。时钟又一次敲响了，我们恍然，不该过多地打扰教授，他是位惜时如金的人。

“金棕榈”李志清*

甘险峰

1996年1月6日，山东大学外国语学院法语系主任李志清教授在法国驻华大使馆接受了法国政府颁发的金棕榈骑士勋章。

“金棕榈文化教育勋章”是法国历史最悠久的一种勋章，也是法国文化教育界的一项最高荣誉。这种勋章主要奖励法国本土的教育工作者，能获此殊荣的外籍法语教授凤毛麟角。

李志清教授现任中国大学外语教学研究会副会长、高等学校大学外语教学指导委员会副主任委员兼大学法浯组组长、山东大学外国语学院副院长兼法语系主任。1944年，李志清教授生于上海。他的父亲是一位学贯中西的语言工作者，他从小就承袭了父亲的语言天赋，初中时能背诵英文版的《木偶奇遇记》，高中时已经可以讲一口流利的英语。1962年，他因酷爱法兰西文学而考入上海外国语学院法语系。在此期间，他在法兰西文学的宝库中流连忘返，阅读了大量法语原著，做了数万字的读书笔记和数万张卡片。1968年，李志清毕业后被分配到西安外国语学院，开始了他的法语教学生涯。当时正值“文化大革命”，踌躇满志的他被下放到安徽城西湖军垦农场和山东鱼台农机修造厂。直到1978年他才调到山东大学，重新回到他深深挚爱的外语教学岗位上。

“无论是在安徽城西湖，还是在山东鱼台，我每天至少坚持四五个小时的外语学习，”李志清教授说。正是靠着超人的勤奋和坚韧不拔的毅力，李志清教授才在法语、英语教学与研究上取得了惊人的成绩。他受国家教委的委托，主持编写了多部法语教材和辞典，以及大量英语教学方面的著作。李志清教授还用法语创作了大量小说，发表论文十余篇。他的法语、英语翻译作品也接近百

*本文原载《青岛日报》1996年2月6日第五版；收录此处时略有改动。

万字。

李志清成名了,但他并不为名利所动,他甘于清贫,安安静静地执着教鞭。李教授这样说:“钱是为人服务的,人不能做钱的奴隶。挣钱的机会很多,可我还有正经事要做。我要讲课,要著书啊!”李志清教授曾多次出国进修、讲学,有很多机会留在国外,面对种种诱惑,他始终不为所动。他说:“我的天地在中国,在培养学生。”

李志清的法语情结*

赵金庆

当我第一次见到李志清教授时，我估计他的年龄在40岁左右。他笑眯眯地告诉我："我今年52岁。"我一时还转不过弯来。

1995年12月4日，北京。法国驻华大使馆弗朗苏瓦·马塞尔·伯莱桑先生在致李志清的信中写道："我荣幸地通知您：在法国驻华大使馆的推荐下，法国政府总理于1995年7月27日签署了政令，决定授予您'金棕榈文化教育奖'骑士称号。值此之际，我十分高兴地祝贺您作为一名翻译家、一名教授、大学法语教学研究会会长、法语短篇小说家以及山东大学法语系的创始人及负责人在为法兰西语言与文化而终生进行的孜孜不倦的杰出活动所得到的认可。请接受我崇高的敬意。"

李志清教授1944年4月6日生于上海，现任山东大学外国语学院副院长、法语系主任。他的父亲是一位贯通中外的语言工作者，大约他正是承袭了父亲的语言天赋，在初中时他已能背诵《木偶奇遇记》(*The Adventures of Pinocchio*)简写本。1962年，他因酷爱法兰西文学而考入上海外国语学院法语系，开始攻读法兰西语言文学，他很快成为年级中学业成绩的佼佼者。他说："我的成功有一个四字秘诀——勤奋、求异。"自大学二年级起，他阅读了法兰西文学瑰宝中的几乎所有经典。他记了数万字的读书笔记和数万张卡片，这为他日后的研究工作打下了坚实的基础。李志清教授在大学时是校足球队的守门员，同时，他还是集邮与无线电的爱好者。

1968年，学业有成的李志清教授被分配到西安外国语学院任教。当时的学生几乎都是他的同龄人，他硬是用自己渊博的知识和流利的法语把这批因"文

*本文原载《齐鲁晚报》1996年9月17日第四版；收录此处时略有改动。

化大革命”而早已心“野”了的年轻人聚集到他的周围，开始继续已经荒废了的学业。十年浩劫中，他历经磨难，先在安徽城西湖军垦农场接受了两年再教育，又在山东鱼台农机修造厂当了五年钳工。在常人难以忍受的逆境中，他从绝望的废墟上站起来，坚持学习。鱼台的蚊子是颇有攻击力的，他晚上在全身涂上防蚊剂，抓住难得的分分秒秒强化自己的专业。李志清教授当时除了钻研法语之外，还开动脑筋，为厂里做贡献，他设计的一架天车，至今还在鱼台农机修造厂运行着。1978年，他因设计了一台无动力旋转钉齿耙而光荣地参加了山东省科学大会。

1978年，他调入山东大学，他的法语和英语教学在山东大学是有口皆碑的，他创立了应用比较语言学的原理讲授法语的独特教学法。1990—1991年，他在法国国家教育研究所、贝桑松大学应用语言学研究中心和格勒诺布尔第三大学进修应用语言学，积累了大量的第一手材料。李志清教授现任高等学校大学外语指导委员会副主任委员兼法语组组长。曾先后主持编写了《大学法语教学大纲》和高等学校用书《核心法语》（共三册），主持编写了法国克莱尔出版社出版的《法汉袖珍词典》等，可谓著作等身。

谈到人生、成功、磨难等问题，李志清教授说：“在别人荒废专业时，我坚持不放弃，为以后的发展争取了时间；还有，一个人对自己的一生要有一个基本的构想，毕生都要围绕这个构想去拼搏；再者，要以一种乐观的态度看待人生，自己要给自己营造一个好的小环境，要耐得住寂寞，经得起磨难，受得住委屈；最后，一个人若想事业有成，必须从各种浪费精力和时间的琐事中跳出来，对功名利禄、人间是非淡然处之，只有这样才能达到那种做人和做学问的自由境界。”一席话，解答了困惑我许多年的人生课题。

李志清教授与法语教学及研究*

刘永

李志清教授，1944年生于上海市，1966年毕业于上海外国语学院法语系，1978年调入山东大学，1993年晋升为教授。李先生曾在法国国家教育研究所、贝桑松大学应用语言研究中心、格勒诺希尔第三大学进修语言学。现任高等学校大学外语教学指导委员会副主任委员兼法语组组长、中国大学外语教学研究会副会长兼法语分会会长、全国大学法语测试组组长、山东大学外语学院副院长兼西语系主任。

李先生从事法国语言与文化的教学、研究已达30年之久，在国内外法语教学与研究界有较大的影响。1995年荣获法国政府颁发的金棕榈文化教育勋章。

李先生受国家教委委托，先后主持编写了《大学法语教学大纲》和《大学法语教学大纲(第二版)》。这两部教学指导性文件充分体现了李先生丰富的教学经验与全新的教学思想。大纲中有关"功能意念"及"语言技能"的分类，在中外法语界受到极大的重视。按照他的语言学思想而筛选的基础词汇和制定的基础词汇表已成为国内选编教材的唯一依据。李教授先后主编了《大学法语》《核心法语》《新核心法语》等多套全国统编教材，并参加编写了《立体化英语》及《英汉翻译教程》等英语教材。

除法语外，李先生还对英语等多种语言有一定的研究，在语言学、英语语言学、机器翻译等领域也取得重要的研究成果。"英法对比语法研究及其在教学中的实践"获山东省优秀教学成果一等奖。"自然语言理解系统的自动词汇扩展"一问世就得到计算机专业专家们的首肯，并通过了鉴定。鉴定组认为"该课题是当前国内攻关项目，有重要的理论和使用价值，该成果已达到国内先进水

*本文原载《文史哲》1996年第3期封二；收录此处时略有改动。

平”。李先生多次在加拿大和法国发表应用语言学论文，他用法语撰写的《中国二外法语教学法》在第三届世界法语学术讨论会上引起极大反响。

李先生认为语言学研究必须跟上现代科学和语言教学的发展，而比较语言学正是解决上述问题的重要学科，因而他大力提倡比较语言学的研究，他提出的指导性迁移理论在教学界颇受重视。对于“中介语与母语及外语之间的关系”及“目的语与中介语的关系”，李先生成功地设计了一个全新的表达公式，从而为外语教学及研究走向科学化做出了贡献。

李先生先后在法国与中国香港出版了《法汉词典》、《大学法语》丛书等辞书、著作。

李先生知识渊博，驾驭语言能力极强，多年来已有双语言翻译成果数百万字，并用法语发表过文学作品。他对法国文学尤其是20世纪法国文学有着深入的研究，目前正在同法国第七大学法国文学系共同开展20世纪法国文学的研究。

先生在倾心科研的同时，又坚持教书育人，始终工作在教学第一线，素为后学所敬仰。他在语言教学与文学教学中提倡结合自然科学，尤其是结合计算机辅助教学与研究，因而极大地开拓了语言教学与科研的视野及途径。

曾获奥朗德接见 再获金棕榈统帅勋章*

王晓雨

2014年5月24日上午，中国海洋大学浮山校区法语联盟的小礼堂里格外热闹，法国驻华大使白林亲手为中国海洋大学外国语学院李志清教授颁发了法兰西金棕榈统帅勋章。金棕榈统帅勋章代表了法国文化教育领域最高级别荣誉，李志清教授成为中国科学院水生生物研究所刘永定研究员之后，第二个获得这一荣誉的中国人。

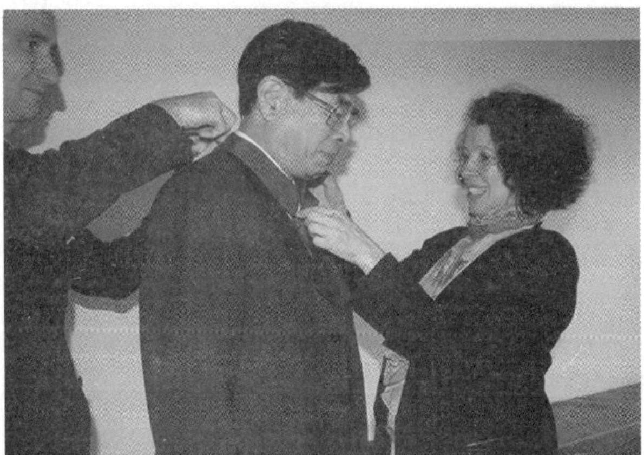

李志清(中)接受法国驻华大使白林(右一)颁奖(金棕榈统帅勋章)

2014年5月24日上午举行的勋章授予仪式现场，白林大使现场发表演说，赞扬了李志清在中法文化交流、中法教育方面做出的贡献。她说：统帅勋章是法国政府授予外国友人的最高荣誉，感谢李志清在济南、青岛两地为创办法语联盟所

*本文原载《青岛晚报》2014年5月25日第五版；收录此处时略有改动。

做的努力。佩戴上棕榈叶状的紫色勋章后，李志清也即兴进行了一场风趣的获奖演讲，他告诉现场的学生们，自己少年时期受著名翻译家傅雷影响，决定学习法语，先后在西安外国语学院、山东大学任教，从2000年开始进入中国海洋大学工作。由他参与主编的法语教材，现在已经是全国高校使用最多的教材。

在颁奖现场，白林特别提到了李志清在创办法语联盟方面所做的努力。李志清在2007年促成了山东法语联盟(青岛)的成立，同时担任中方校长，在法语联盟成立130周年庆典上，李志清还曾受到法国总统奥朗德的接见。他还成功促成青岛与法国南特市、布雷斯特市缔结为友好城市，因此被布雷斯特市授予"荣誉市民"称号。

在法国教育界，李志清先后被法国多所大学聘为客座教授，同时成为法国四所高校的博士生导师。因为在中法文化交流方面的贡献，1996年法国政府授予他金棕榈骑士勋章，2005年授予他金棕榈军官勋章，2014年授予他金棕榈统帅勋章。

李志清在金棕榈军官勋章授勋仪式上做答谢演讲

中国海洋大学教授获法国最高教育勋章*

吴帅 冯文波

先后创建山东大学法语系、中国海洋大学法语系，创办山东法语联盟(青岛)，创新法语教学，编著多部国家规划法语教材，培养大批法语人才，三获法国政府颁发的“金棕榈文化教育勋章”，他就是中国海洋大学外国语学院教授李志清。昨日，法国驻华大使白林女士来到中国海洋大学，为李志清教授颁发法国文化教育领域最高级别的荣誉——金棕榈统帅勋章。这是继2012年中国科学院水生生物研究所刘永定研究员之后，第二位获此殊荣的中国人，而在中国教育界尚属首例。

法国驻华大使来青授勋

2014年5月24日上午，勋章授予仪式在位于中国海洋大学浮山校区的法语联盟(青岛)小礼堂举行，白林大使亲手给李志清教授佩戴上了一枚棕榈叶形状的紫色勋章，并颁发了证书。她说：“统帅勋章是法国政府授予外国友人的最高荣誉，感谢李志清在济南、青岛两地为创办法语联盟所做的努力。”李志清教授用中法两国语言发表了获勋感受。

据了解，作为山东法语联盟(青岛)中方校长的李志清教授为法国语言和文化在中国特别是山东地区的传播立下汗马功劳，同时李志清教授也在中国文化向法国的传播和交流中起到举足轻重的作用。鉴于李志清在中法文化交流方面的突出贡献，早在1996年法国政府就授予他金棕榈骑士勋章，2005年授予他金棕榈军官勋章，今年又授予他金棕榈统帅勋章，这是他第三次获此殊荣，并且

*本文原载《青岛早报》2014年5月25日“青岛新闻”版；收录此处时略有改动。

这一次获得的是法国文化教育领域最高级别的荣誉。

致力于法语教学研究

记者在采访时了解到,李志清1944年出生于上海,少年时期受著名翻译家傅雷影响,热爱法语学习,并于1962年考入上海外国语学院法语系学习。毕业后,曾在西安外国语学院、山东大学任教,2000年到中国海洋大学任教至今。

李志清先后创建了山东大学法语系、中国海洋大学法语系,并先后主编了《大学法语》《法国语言与文化研究》等多部著作,很多都是普通高等教育"十五""十一五""十二五"国家级规划教材。他曾任高等学校大学外语教学指导委员会副主任兼法语组组长,教育部大学外语教学研究会副会长,至今依然担任教育部大学法语四级考试组组长。30多年来,李志清潜心著书立说,精心培养法语人才,为我国的法语研究和教学做出了卓越的贡献。

推动中法教育文化交流

李志清认为自己有两个饭碗:一是在中国讲授法语,二是在法国传播中国文化。也正是这"两个饭碗"让他为中法文化的友好交流搭建起一座座桥梁,且硕果累累。

在李志清的积极协调下,2007年5月24日,山东法语联盟(青岛)在中国海洋大学揭牌成立,李志清任中方校长。联盟成立7年来,不仅开启了中法教育及文化交流的新篇章,也为推动青岛、山东乃至全中国和法国的教育合作与文化交流产生了积极作用。

除此以外,李志清还积极促成中法城市间友好关系的建立,在他的努力下,2005年和2006年青岛市分别与法国南特市、布雷斯特市缔结友好城市关系。2012年,为表彰李志清在增进中法友谊、发展布雷斯特市和青岛市友好关系等方面做出的贡献,李志清被授予布雷斯特市"荣誉市民"称号。由于李志清在法国积极推广宣传中国文化,他在当地学术界和教育界的声望与地位不断提高,并得到大家的认可。他被聘任为巴黎第七大学、昂热大学、雷恩第二大学、西布列塔尼大学、南特大学、土伦大学的客座教授,同时成为马赛第一大学、西布列塔尼大学、南特大学、土伦大学的博士生导师。

年近古稀却退而不休

虽已近古稀之年,李志清依然行走在法语人才培养和中法文化交流的大路上。李志清已退休多年,但他依然坚持带研究生,给学生上课,搞法语研究。有人劝他说,操劳大半生,年近70岁了,该享享清福了。他却说,我热爱法语,喜欢教书,应该站在讲台上,就如同战士应在战场上一样。

谈到未来,李志清说,现在青年教师逐步成长,法语系发展得越来越好,这方面已不用他操心。他希望在有生之年,继续做好两件事:一方面是充分利用自己在国内法语出版界的声望,在法语教材和相关著作编写方面让更多的青年教师参与进来;另一方面是利用自己法国相关大学博士生导师的身份,为更多的学生去国外深造创造机会。

法国总统奥朗德在法盟130周年庆典接见中国海洋大学李志清教授*

宗侣

7月24日,中国海洋大学法语系教授李志清以中方代表的身份出席了在法国巴黎举行的法语联盟成立130周年庆典活动,并获得了法国总统奥朗德的接见。

其间,奥朗德总统对李志清教授长期以来在推动中法两国文化交流方面做出的贡献和努力表示赞赏,对他在中国积极支持法语联盟的工作表示感谢,并希望他继续坚持不懈地把这项工作做下去。李志清教授说,目前法语在中国越来越受到广大青年学生的喜爱,希望法方继续支持法语联盟在中国的文化推广工作,并给予广大爱好法语、想要学习法语的中国人更加宽松的签证政策。

法国总统奥朗德接见李志清教授

*本文原载《法国总统奥朗德在法语联盟成立130周年庆典现场接见海大教授》,中国海洋大学官网,http://news.ouc.edu.cn/2013/0727/c296a75541/page.htm,访问时间:2023年7月10日;收录此处时略有改动。

李志清教授2000年进入中国海洋大学工作，是外国语学院法语系的创建者，他还积极促成了山东法语联盟（青岛）的成立，目前担任中方校长。多年来他不仅培养了大量的法语人才，编著了许多法语著作，而且还在促进中国海洋大学和法国高校间、青岛市和法国城市间的友好合作交流方面做出了重要贡献。为表彰他在中法交流方面做出的突出贡献，2013年4月法国政府授予他文化教育事业领域的最高荣誉——金棕榈统帅勋章。

中国海洋大学李志清教授获法国金棕榈统帅勋章*

2014年适逢中法两国建交50周年,5月24日法国驻华大使白林女士专程来到中国海洋大学,为该校外国语学院李志清教授颁发法国文化教育领域最高级别的荣誉——金棕榈统帅勋章。这是继2012年中国科学院水生生物研究所刘永定研究员之后,第二位获此殊荣的中国人,而在中国教育界尚属首例。

据北京中国教育新闻网消息,5月24日上午,勋章授予仪式在位于中国海洋大学的浮山校区法语联盟(青岛)小礼堂举行。白林大使亲手给李志清教授佩戴上了一枚棕榈叶形状的紫色勋章,她说:感谢李教授对中法文化交流、中法教育事业做出的卓越贡献,统帅勋章是法国政府授予外国友人的最高荣誉。

据了解,李志清1944年生于上海,少年时期受著名翻译家傅雷影响,热爱法语学习,并于1962年考入上海外国语学院法语系学习。毕业后,曾在西安外国语学院、山东大学任教,2000年到中国海洋大学任教至今。作为一名教育工作者,李志清先后创建了山东大学法语系、中国海洋大学法语系,并先后主编了《大学法语》《法国语言与文化研究》《20世纪法国文学》《大学交际法语》等多部著作。

在推动中法文化交流方面,李志清于2007年促成了山东法语联盟(青岛)的成立,并担任中方校长。该联盟成立7年来,在推动青岛和法国的教育合作与文化交流方面产生了积极作用。2013年7月,在巴黎举行的法语联盟成立130周年庆典仪式上,李志清受到法国总统奥朗德的亲切接见。此外,李志清还促成了青岛市分别与法国南特市、布雷斯特市缔结为友好城市,因此被布雷斯

*本文原载《中国海洋大学李志清教授获法国金棕榈统帅勋章》,中国教育新闻网;收录此处时略有改动。

特市授予"荣誉市民"称号。

据介绍,李志清在法国学术界和教育界声望很高,被巴黎第七大学、昂热大学、雷恩第二大学等聘为客座教授,同时成为马赛第一大学、西布列塔尼大学、南特大学、土伦大学的博士生导师。鉴于李志清在中法文化交流方面的突出贡献,1996年法国政府授予他金棕榈骑士勋章,2005年授予他金棕榈军官勋章,2014年授予他金棕榈统帅勋章。

李志清虽已是古稀之年,但他依然行走在法语人才培养和中法文化交流的大路上。每天很早就到办公室,并坚持带研究生,给学生上课,搞法语研究。他说:我热爱法语,喜欢教书,应该站在讲台上,就如同战士应在战场上一样。

法语专家图解谢阁兰*

别鸣 李鼎东

时值法国汉学家维克多·谢阁兰诗集《碑》出版百年之际，昨日下午，中国海洋大学西语系主任李志清教授做客省图，通过穿越百年的图片与文字，向读者生动展示了谢阁兰当年是如何被神秘莫测的东方文化深深吸引并沉迷其中，精彩解析了一个法国汉学家的中国情结。

“谢阁兰的影响力不断扩大，与中国综合国力的不断增强是密不可分的。”讲座伊始，李志清教授便将谢阁兰与中国联系起来。

李志清认为，谢阁兰在法国并非久负盛名的顶尖学者，他的作品几乎都是取材于中国文化。而随着中国影响力的不断提升，谢阁兰的学术地位也在近些年来不断提高，成为跨文化研究的热点。

《湖北日报》关于“谢阁兰的中国情结”讲座的宣传海报

从1909年到1914年的这几年间，谢阁兰三次远赴中国。他在中国学习中文与汉学，在马背上看到的中国让他近乎疯狂地爱上了这个古老而神秘的东方国度。从严肃的首都北京，到粗犷壮丽的黄土高原，甚至是连他没有去过，却被他誉为“理想之地”的西藏，都能在他的诗句中看到不吝的绝顶赞美。特别是有感于中国古代石碑上的古老文字，他更是根据不同的碑文创作了法语诗

*本文原载《湖北日报》2013年8月5日“文化征程”版；收录此处时略有改动。

歌，结集成了著名的诗集《碑》。

“谢阁兰是带一个‘皇帝梦’来考察中国的。”李志清说，由于对西方古代文明逐渐消失的失望，谢阁兰的中国之旅更像是一次探访古代伟大文明的寻梦之旅。

法美关系对法中关系的启示*

李钰玲　孙晓楠

法国精英笔下的“反美主义”与美国思想界所描绘的法国“反美主义”之间存在本质的区别。法国强化“反美主义”，而美国思想界则试图弱化这一思潮，旨在彰显美国的“实力地位”。

讲座内容素材均节选自英、法原文学术著作及公开讲话稿，辅以中文翻译，力求真实还原法美两国对于“反美主义”的观点与理论依据，带领学生以第一视角、通过第一手资料，以批判的精神、审视的眼光，剖析这一充满争议的话题。

授课中的李志清教授　王怡摄

讲座从法美主流思维对比研究入手，通过对比分析法美两国“反美主义”理

---

*本文原载《[学术]活动回顾 | 研究生学术训练营：跨文化视角下的法语语言、文学及文化研究 法美关系对法中关系的启示》，上海外国语大学网站，http://www.sffs.shisu.edu.cn/50/f4/c168a151796/page.htm，访问时间：2023年7月10日；收录此处时略有改动。

论与外在表现,深入剖析“美国模式”的本质与深层问题。李志清教授通过引用翔实、丰富的文献资料,展示了法美两国学界对美国现行政治体制弊端与局限性的抨击。他强调,在当下复杂的国际形势中,独立思考、独立判断的能力是对保持战略定力、做好国际传播来说至关重要的软实力。

李志清教授用轻松诙谐的语言,通过四个“引号”和四个“问号”,提醒同学们学会对西方话语体系中的普适价值保持质疑与警惕,着手构建属于中华民族自己的话语体系。他指出,法美两国主流价值观层面的本质区别决定了法美两国关系中必然冲突不断;挖掘并利用好中法两国核心价值观的共同之处,对于发展中法关系与构建新的国际秩序尤为重要。

最后,李志清教授着重强调,中法关系的继续发展要打好“文化牌”,让同学们对中法文化的历史渊源有了更具象的认知。结合中法文学中的具体事例,李志清教授就中法跨文化沟通向同学们提出了中肯建议。

伴随着李志清教授有趣又“干货满满”的讲解,这场图文并茂的讲座在同学们的阵阵掌声中圆满结束。王圆圆老师在总结时提到,通过这场讲座,李志清教授不仅就“法美关系对法中关系的启示”这一问题给同学们带来了很多极具前瞻性的启发,也敦促同学们要培养自己以史鉴今、以史明智的意识和能力;在跨文化交流过程中要时刻保持清醒头脑,由此才能在全球化背景下传播好中国声音,共同助力中国话语体系的构建。

山东大学法语班部分学生对李志清教授“‘通’则双赢,‘堵’则零和博弈”讲座的评价

牟紫鑫

在听完李志清教授的“‘通’则双赢,‘堵’则零和博弈”讲座之后,我获益匪浅。让我感受最深的主要是以下三点:第一点,也是最强烈的一点,就是作为一个外语人的家国情怀;第二点是教授在整个讲座中以结构主义的思路进行文字讲解;第三点是“唯有‘疏通’,方能‘通达’”部分涉及的教授本人在法国做关于西藏的辩论时的经历。

第一点是贯穿整个讲座与李志清教授人生的精神支柱,也就是家国情怀与爱国精神。在讲座中,“‘通’则双赢”部分主要是从个人及学术角度来讲,而“‘堵’则零和博弈”则是以中国在当今百年未有之大变局中的困难与出路为主要视角。第二部分的讲解中,李志清教授对祖国的殷切希望感染了在场的每一个外语人。

第二点是李志清教授以结构主义的思路进行讲解,这是我在此之前所听的讲座中从未遇到过的。李教授对“通”与“堵”的解释,完美地贯通了中法文化,以造字法为基础,用法语释义做阐释的方法打破了语系以及文化的隔膜,更让我体会到语言文字的深意及其背后的哲学思想与精神,让我对所学的学科有了更加深刻的理解和发自内心的尊重。

第三点是教授关于对自己为西藏属于中国而辩论的经历,这加深了我对“每个人都是祖国的外交官”的理解,也警示了我们无论是治学还是文化交流,都应该以最严谨的态度做最充足的准备,怀揣最热烈坚定的爱国情感。

鹿玥

2021年10月28日19:00,我们有幸参加了中国海洋大学李志清教授在山

东大学洪家楼校区的以"'通'则双赢,'堵'则零和博弈"为主题的学术讲座。对此,我感触良多。

李志清教授由"通"和"堵"两个汉字分别展开论述,由古汉字聊到今日局势下"通"的含义,带给了我很多启发。在"通"上,李志清教授在讲座中指出,作为一名中国人,我们要努力成为一名"中国通"(le sinologue),方有能力讲好中国故事,增强中国文化自信,发出时代强音,让中华民族更自信地屹立于世界民族之林。同时,我们也要努力成为一名"法国通",刻苦学习法文知识,"只有通晓,方能沟通"。李志清教授也从"堵"字讲起,用实例证明了作为农耕文明代表之一的中华文明富有"安堵乐业"的民族品性。为此,我们当代青年,也要以李志清教授为榜样,勤奋学习,自强不息,勇担使命,为中华强国做出贡献!

吕灵杰

2021年10月28日19:00,中国海洋大学李志清教授在山东大学洪家楼校区作了以"'通'则双赢,'堵'则零和博弈"为主题的学术讲座。来自外国语学院的近80名师生参与了本次讲座。

李志清教授由"通"和"堵"两个汉字分别展开论述,结构清晰,论证严谨。在"通"上,李志清教授指出,作为一名中国人,我们要努力成为一名"中国通"(le sinologue),由此才能讲好中国故事,发出时代强音。同时,我们还要做一名"法国通"。作为一名法语专业学子,了解法国以及法语区的历史文化是必须的,这正如李教授所言:只有"通晓",方能"沟通"。李志清教授还从"独有'疏通',方能'通达'""唯有'变通',才能'畅通'"两方面继续展开讨论,并从古今中外的名人轶事和自身经历讲起,使我们在语言学习上对"通"的内涵有了更深刻的理解。在"堵"方面,李志清教授博古通今。他从《说文解字》中的"堵"字入手,阐述了作为农耕文明代表之一的中华文明富有"安堵乐业"的民族品性。听罢李志清教授声情并茂的论述,我们深知时代浪潮浩浩荡荡,同时也暗流涌动,中华民族正走在伟大复兴的新征程道路上,我们外语人愈要站稳定位,奋发图强。

李志清教授见微知著,他用深入浅出的话语道出了当今世界正经历百年未有之大变局背景下"通"和"堵"的真谛,也让现场的外院学子明白了自己所肩负的责任与使命。

张玉洁

爱祖国,为祖国的前途而奋斗,是时代赋予我们的神圣职责。——苏步青非常有幸能够聆听李志清老师的讲座。作为一个有着丰富学识和多项荣誉的资深教授,李老师并不以此为傲,他平易近人的形象让我见识到了真正的外语人的气质。

李老师的讲座主题令人深思,给我启发。让我更加清楚,一名合格的外语人要有“通”的觉悟,拒绝“堵”的肤浅。首先,李老师不仅知识渊博,还心怀浓厚的家国情怀。他在培养人才的同时也增强了中国对外影响力。作为李老师的后辈,我在听完讲座后内心久久不能平静,暗下决心:我要向李老师看齐,增强大局意识,努力成长为一名合格的外语人,争取能和李老师一样向世界展示我国的风采。

闫静怡

周四晚上听了李志清教授的讲座,听完之后颇有感悟。

李教授知识渊博,却丝毫没有教授的架子。他讲课充满激情,用他的亲身经历为我们讲述了许多有趣的小故事,而他也通过这些小故事为我们描述了一个不一样的法国,这都令我感到十分有趣与亲切。

在这次讲座中,李教授非常巧妙地将法国文化与中国汉字联系起来,将法语学习与国际形势结合起来。中法作为两个独立的国家,拥有不同的社会意识形态和价值观,而我们的语言学习就是为了了解这种不同,从而寻找两种文化之间的相同之处,更好地感受中法文化。

而让我印象最深刻的是李老师说的“每个人都可以成为国家间的大使”。这让我更加清楚地认识到自己身上肩负的责任,我会更加努力学好法语,了解法国文化,讲好中国故事。

陈可欣

今天,中国海洋大学李志清教授为我们做了以“‘通’则双赢,‘堵’则零和博弈”为主题的学术讲座。李志清教授逻辑缜密,论证严谨,思维极具深度,他的讲座使我获益匪浅。

李志清教授以“通”和“堵”两个字展开,通过讲述汉字起源让我们认识到汉字的魅力。在“通”上,李志清教授希望我们能成为一名“中国通”,讲好中国故事,让中国故事在世界传播,同时还要成为“法国通”“世界通”,了解他国才能更好讲述中国故事。作为一名法语专业的学生,我热情澎湃,深感自身之使命,也希望有一天可以在他国讲述中国故事,让中国在世界上绽放光彩。“堵”则是联系当今国际形势,从他国对我国各方面之“堵”展开,让我们认识到只有国家强盛、中国复兴，才能抵御灾难，防止他人之“堵”。作为外语人，我要发奋图强，为国家出力。

季晓彤

中国海洋大学李志清教授在山东大学进行了以“‘通’则双赢，‘堵’则零和博弈”为主题的学术讲座。李志清教授以“通”和“堵”两个汉字为主题进行讲解。在“通”的方面，李志清教授讲解了“只有‘通晓’，方能‘沟通’”“独有‘疏通’，方能‘通达’”“唯有‘变通’，才能‘畅通’”，结合古今中外的名人轶事和亲身经历，深入浅出，有趣又深刻，使我们对于语言的学习以及外语人才的使命有了更深刻的认识。李志清教授从《说文解字》中的“堵”字入手，阐述了中华文明富有“安堵乐业”的民族品性，李教授对于当今世界局势的分析使我们更加清醒地认识到外语人的使命与责任。

我们外语学生不应该只关心书本里的世界，更应该关注当今世界局势以及我们国家的故事。风声雨声读书声声声入耳，家事国事天下事事事关心。

厉上暄

2021年10月28日，中国海洋大学西语系李志清教授莅临我校，作为2021级法语新生的我们，有幸来到李志清教授讲座的现场，收获了足以滋养我们一生的精神财富。

本次讲座的主题为“‘通’则双赢，‘堵’则零和博弈”，李志清教授以其丰厚广博的学术素养和丰富的实践经验给我们带来了一场精神盛宴，从中华传统文化的汉字起源讲到西方古典文化的英雄神话，既激发了在场每一位听众的热情，又深化了我们对中西古典文化的理解。从对“通”的阐释，到对“堵”的理解，贯穿中西，贯通古今。

于我个人而言，受益匪浅的莫过于李志清教授提及的“全民外交”理念，正如教授所言，每个中国人都应是一个天然的中国形象的代言人、一个中国声音的发出者。我们外语系的学子更应把“讲好中国故事”作为一个立足点，既要深化对本民族传统文化的理解，又要深入了解外国古典与当代文化，讲好中国故事。

从今日起，我将刻苦努力，勤奋学习，在学好法语的基础上，更加深入地理解中华民族的传统文化，做好一个“法国通”，更要做好一个“中国通”。

魏榕启

10月28日晚，中国海洋大学博士生导师李志清教授为我们带来一场以

"通"来贯穿的讲座。李老师在法国学术界和教育界声望很高,在中法文化交流方面更是做出了突出贡献。李老师的一些想法与观点令我受益匪浅。

一开始,李老师就点出了"通"作为贯穿讲座的主题。要把中国文化介绍到法国,便要找到最为贴合的意义,从《说文解字》中的"通"字及其法语意义中找出共通性。

第一部分"只有'通晓',方能'沟通'"中,李老师就一定历史时期背景下法国传教士的发展及个别人物的贡献做出讲解与评价,结合李老师个人自身的小故事(以"五塔寺法国传教士墓碑"为例),让我明白,当对法国文化有所了解并置身其中时,便有了兴趣与动力支持个人发展,并可能上升至国家间更深层次的一种联系。

第二部分"独有'疏通',方能'通达'"。李老师谈到中国如何破解西方势力"围追堵截"的问题,结合马克龙所说的"一种多边模式的推出"与"美好生活+道德品质",联系当今国际社会形势,告诉我们要遵守"人与人之间妥协,人与情绪主义、自然、单边政治的妥协"的原则。

作为外语人,我们既要坚持自己的立场,还要做"中国通""世界通",让自己成为一个强大的人。

山东大学法英国际组织班部分学生对李志清教授“‘通’则双赢，‘堵’则零和博弈”讲座的评价

学生评价一

在李志清教授来之前就听说了李老师的大名，因为他是我们山东大学法语系的创办者，又听闻李老师要讲有关国际关系的话题，这一直是我感兴趣的话题，所以我满怀激动与期待去听了李老师的讲座。

李老师说：“中国人特别是学外语的中国人要努力讲好中国故事。”对这句话我深有感触，在当今世界，虽然中国有了一定的话语权，但是舆论导向还是牢牢把握在西方人手中，每次登陆世界论坛和新闻网站都会发现他们对中国的误解和偏见。在生活中，有很多外国人哪怕在中国生活了几十年还是就如生活在西方世界中一样，对中国的看法并没有随着时间而改变。那么如何讲好中国故事呢？李老师讲的一个小故事让我印象深刻，他在演示文稿上放了几个不同书法家写的汉字，他说几乎每一个法国人都选择了王羲之的书法，这说明不同国家的审美是可以一致的，我们觉得好看的事物外国人也觉得好看，这就为如何讲好中国故事提供了一个新的思路。

我们作为外语人，不应该只是学习外国的东西，而是应该思考如何将本国的文化宣传出去。李老师的讲座既为我们疏通了思路堵塞，又开辟了新的方向。虽然我只是一个法语初学者，但也清晰了以后的方向，这次讲座使我受益匪浅。

学生评价二

中国海洋大学李志清教授的讲座主题是“‘通’则双赢，‘堵’则零和博弈”。李教授以“La communication, gagnant gagnant; l’obstruction, un jeu *à* somme nulle”来翻译中国的“通”则双赢，“堵”则零和博弈，深刻地揭示了中外观念中全球治理思想的同和异。李教授多次对比中法文化中对变通的理解，引经据典，

如以法国大革命为例讲解法国之“变”，以中国古代经典《易经》中的“穷则变，变则通，通则久”来阐释中国人眼中的变化。

李志清教授提出，我们要“以彼之矛，攻彼之盾”，用西方能够理解的文化来宣扬中国理念。和我们讨论时，他还提及“全民外交”的理念。作为一名中国青年，我们也应当发扬中国青年精神，助力中华民族的伟大复兴；作为一名外语人，我们应用自己所学为国家建设助力，讲好中国故事。

学生评价三

“‘通’则双赢，‘堵’则零和博弈”，李志清老师博征旁引、深入浅出地为我们讲解了“变”和“通”的重要性，让人获益匪浅。讲座中涉及当今国际局势与国际关系的内容，引发我们对国际局势与本国发展的思考。李教授提及的在国际交往中的个人经验也为我做了很好的示范，让我对与外国朋友交流可能遇到的问题和应该持有的态度有了更清晰的认知。

李志清教授不仅仅是作了一场讲座，更是为我们打开了一扇认知自己和国际关系的窗户。让我印象最深的莫过于教授为我们介绍的著名的“中国通”，在那个年代“中国通”们成为东西方文化间的桥梁。历史发展到现在，我们每一位外语人都有义务做中国的外交大使，都应以身作则，熟知世界，在未来向世界讲好中国故事。

这次讲座让我深入理解了文化沟通的重要性。无论是个人发展与能力提升，还是国际交流，双方唯有在尊重和平等的基础上沟通理解，才能达到一加一大于二的共赢局面。

另外，我也更加明白当代外语人“入外语门，开世界窗”的责任与担当，我们应以自己所学为媒介工具，为国发声。青年兴则国兴，青年强则国强。唯有我们以中华民族伟大复兴为己任，努力学习，为国发声，方能不负所学，做一名合格的外语人。

第二部分

桃李溪边拾落花

（学生、好友感言）

志清高洁　坚韧不懈

——贺李志清教授八十寿辰

姜丹丹*

1994年9月，我考入山东大学外国语学院西语系法语专业——由李志清教授创立的一个全新的专业。自那个秋天开始，李志清老师和他传承的法语思想文化，就像一盏明灯，照亮了我本科阶段的学习时光。这光亮也一直隐约地伴随在我二十几年的求学、治学的旅程之中。

山大史无前例、从零开始的小语种专业并不是我填报的文科方向中的第一志愿甚至也不是第二志愿。由于数学成绩不够好，我接受调剂而进入这个新设的专业，多半出于偶然，可也构成某种必然。中学时代我喜爱阅读的书籍中，就有法国的思想、文学以及与艺术相关的论著等。比如现代文人傅雷在我的中学记忆里就是一个响当当的名字，《傅雷家书》、傅雷的翻译与美学论著，都深深地影响了我少年时的旨趣。能够有机缘学习法语，通过法语的途径，迈向法国思想文化的殿堂，而由这样的远征再折回、接通与中国本土的思想文化的对话，显然是当时新设的专业给我点亮的希望之灯。这种曲径通幽的可能性，当时也许显得那么隐微，却又依稀成为敞亮的希望。正是李志清教授给我们上的第一堂课，他整个人所带来的专业的视野、前景的期许，传达给我一种希望的光明。这个视野丝毫不是狭窄的小路，而是他明晰、坚定的志向，映亮了由语言的路径可

*姜丹丹，山东大学1998年本科毕业，北京大学、日内瓦大学硕士，2006年获北京大学博士学位，并先后在巴黎第三大学、法国高等社会科学院从事博士后研究。现任上海交通大学人文学院博士生导师、博士后导师。主编法文文集《中国当代哲思》《身体去湿——东西方身体哲学的变形》。先后获法兰西学院路易·德·波利涅克王子基金行政会科研奖、法国金棕榈骑士勋章，以及上海浦江人才等荣誉称号，国内外发表论文80余篇，出版译著十余种。

以通向广阔乃至无限的跨文化视野的希望。

我始终记得，开学的第一天，李志清教授携着公文包，风风火火、干练利落地冲进了教室，把公文包横搁在课桌上，特别自然地和我们讲他创办这个专业的宏大愿景。他的双目细长，不大却非常有神，目光坚定而清醒睿智，口吻始终是那么自然，还带着风趣。那是在宿舍楼隔壁的青年教师的公寓筒子楼里，临时新设的一个狭长的、近乎三角形的教室，放了两排课桌，有时调成环形，全班14人坐下，还不算太满。在当时对我们所有人来说，一个新设的专业，一门全新的语言后面究竟要打开怎样的殿堂，一切都是新奇的经验，几乎就是新鲜的历险。要通向的未来虽然是未知的，但就在李志清教授那份坚定不移、视野开阔的愿景里，我们在最初就感受到，将有明灯引领每个人通过自己的努力，去找到如同古希腊神话穿越迷宫所必要的阿里阿德涅(Ariane)的红线。这根细线抛开，好似有光，引出迷宫，向愈来愈开阔的前景延展。在学习之初，李志清教授的整体学养，让我在面对一个完全未知的领域时，虽然懵懂，却并不迷茫，在相当有限的条件面前充满着乐观的希望，这大概就是他那种乐天知命而勤于开垦的态度所营造的氛围。

从零开创法语专业，在当年其实非常艰难，李志清教授就有那么一股要带领大家一起拓荒的精神，不仅有始终如初的精神劲头儿，还有脚踏实地的态度。在有限的条件下，用实干、务实的风格创造了一些更好的机会。在这样的氛围中，他启发每个人用独特的主体性，去挖掘学习征途中的潜在可能性。李志清教授曾怀着深情，给我们诵读18世纪思想家伏尔泰的《天真汉》，“要耕耘我们自己的花园”，这种准则需要长期坚持、耐心习练的能力，也为我们四年的本科学习奠定了深耕细作的基调。也就意味着，在我们每个人大概在两年里真的学会了用法文阅读如伏尔泰等大家的思想随笔之前，要用这样的精神，从所有的细节一点点开始，坚持不懈地去耕耘。一个未知的园地，真正要迈入其间，需要耐心和毅力。李志清教授总是非常忙碌，风风火火地冲进那间狭长的教室，可是，如风如火的动态中，工作从来都是有条不紊、一丝不苟。对于格外讲求明晰的法语而言，思想性的传递，正是与各种变位、时态、阴阳性准则的把握联系在一起的。李志清教授在1994年一个人主创一个专业时，其实已经50岁了，是个知名的教授，但他却花费大量的时间、心力，手把手教我们从零开始，用他独特而灵活的方法，引导我们从意义单元的建构、组合，从多样化的片段阅读之中，高效地跨越了入门的学习阶段。

今天回想起来,当年李志清教授指导我们学习的高效是令人佩服的。大概在第一学年结束前,他就指导我和几个同学创办了一份法语报纸,起名《两只公鸡》(*Les deux Coqs*)。那名称是多么的风趣,他告诉我们,法国的象征是高卢的公鸡,而神州大地也被比作雄鸡,就是这一份独特而用心的初意,点亮了在中法之间建立平等的、通达的跨文化对话的一盏明灯。我们在课余时间,用法文写小幅文章,画插画,编辑,排版,李老师不断地指导、修订,就这样,1994—1995年,那间狭长的小教室时常充满了创意的活力、耕耘的乐趣。在第一期,我和同学孙燕一起合撰了法文文章《我们的李老师》(*Notre professeur Li*),最初的几期报纸也被收录到法国国家图书馆中。那是一份在李老师的指导下完全独创的、起步性的工作,不仅给参与的同学们带来很多乐趣,还让人体会到在群体的联合实践中实现个体性的新奇。一起动手、动脑做有创意性的工作,这何尝不是李志清教授传递给我们的法兰西思想:敢于尝试,言说自己的思想,携带着个性,进入共同体的实验过程之中,也在这个过程中,促成个性的多样化、动态的生成。后来,我们的师弟、现任山东大学外国语学院副院长刘洪东教授也承接了李志清教授当年创立的一些传统:既重实干也讲创意,不仅开设了法英双语专业硕士班,还设立了与第一份法文报纸同名的图书与影音资料图书馆“两只公鸡”。

李志清教授当年作为法语专业的创始人,和我们第一批十四个学子一起,进入了这种始料未及、日日更新的生成实验的过程之中。语言的学习,要真正通向思想、文学、艺术的广阔殿堂,必须是理论结合实践,需要在开始阶段形成开阔的视野,用许多生动、鲜活的资料去滋养,由此才有可能通过多样的、不僵化的学习,真正进入一个语言的内部,才能接通不同领域的知识。“要学会用法语去思考”,从第二年,李老师就给我们提出了这样高的要求。于是,每天我们都尝试用新的语言去表达,在深入的阅读中不断充实、丰富表达的方式,很快就遭遇了一些局限和困难。在这个过程中,李老师就像一个灵活的“庖丁”,让我深切体会到如何在语言的操练之中达到穿越屏障、游刃有余的境界。他在用法语表达时,如挥刀霍霍却又分毫不差,专注如有神力。他也教会我们用长时间的练习,日渐突破从点到面的障碍,面对语言复杂的结构“因其固然”,找到“以无厚入有间”的通道。

李志清教授曾告诉我,他的父亲是一个治学严谨、大半生在书斋中修研的传统型学者,也经历过那一辈学者的磨难,但李老师却立志要走出不一样的、与实践练习不分离的学院道路。李老师这一代人，在20世纪八九十年代出国留学、访学时，已经不算年轻，面对完全不熟悉的环境里的各种考验，必须在整体陌生的场域中不断练习。为了让我们明白这些陌异性的方方面面，他曾经琢磨出许多实践办法。比如请在山东的法国电力公司投资，在西语系（即后来的外语学院的二楼）给我们设立了电影俱乐部，邀请在济南的法语圈的人士每周六聚会一次，看一部法语的电影或资料片，每次由他本人或者邀请的嘉宾评议，大家一起讨论。从大学二年级起，他带来了各类的法文的名家著作或者节选的读物，时常更新，放在教室后排的桌子上，供大家随时翻阅，他也常组织我们通过现场对话、排演戏剧来加强口语的练习。从大学三年级起，他带领我们去了在济南的法国企业，每两周抽出一两天的时间，分组参加各个部门的翻译工作，在具体的实战场域中训练自己的能力。他还曾带领我们去上海的法语联盟，参加与山东省联谊的布列塔尼大区的文化节等。李老师也特别重视加强我们对于中国古典思想与文本的学习，他也会熟练地运用法语讲解中国古代的文化典故，可以说他就像一个实干的儒者，在言传身教中传递练习跨文化沟通能力的"人可弘道"的精神。

与此同时，李志清教授每年都给我们请来各种层次的外教，在当时的情况下请到外教并不容易，每年的情况也都有所不同，除了来自法国本土的学者、研究生，也有在山东的非洲留学生或者法企的家属等。在三年级时，李老师专门从法国巴黎高等师范学院（以下简称"法国巴黎高师"）请来了非常出色的青年学者讲课，他们也协商设计、开创了非常多样的课程。法国巴黎高师的系统训练要求一定的综合能力，这意味着我们在用法语表述中要具备"万能钥匙"（passe-partout）一般的打开能力。这种理念，其实就是以塑造通才的能力为前提，结合个人兴趣去培养专门化的能力，在当时对从来没有出过国的我们来说，是很惊奇的事情，比如要练习逐字逐句地阅读法国当时报刊上的各类文章，并且对各种时事或理论的问题进行评述，培养运用自己的语言思考、言说、回应的能力，也练习用法语进行处理各种办公事务的能力，包括日后去法语国家求学、深造的一些必要的材料的准备。另一方面，他们也深入地介绍法国各个时期的思想、文学的经典篇章，可以说，我们在不同程度的资料学习之间穿移，这也让我们深深体会到在不同的情境中运用法语书写的丰富性。1997—1998年，同班有几位同学就曾有机会到巴黎或者布列塔尼大区的知名大学留学深造，这都得益于当时李老师为我们设立的前沿性的法语专业学习条件。

我个人感到特别幸运的是，大四那年，我确立了用法语撰写象征主义美学本科毕业论文的愿望，在当时可以找到的双语相关研究资料都非常稀少的情况下，这简直是太难的一件事。可是，李老师用他一贯坚定的态度，赞许了这个方向，鼓励我放手去尝试。外教也协助李老师指导我的毕业论文，每周给我开设了补充性的课程，今天回想起来，真的是不可思议的滋养。在1997年，我运用法语阅读诗歌、美学，领会其中的特殊性，逐渐熟悉波德莱尔、魏尔伦、兰波、马拉美等人的作品风格，在那么短而有限的时间里，我的专业水平几乎是突飞猛进，这与李老师当年用尽了所有办法邀请外教长期协助教学的良好条件是分不开的。他鼓励我去发展自己的兴趣，也让我从一些精微钻研中渐渐拓宽了知识与研究的视野。因而我也决定提早结束学制五年的本科学习，选择去北京大学深造，加深在法国文艺思想方面的理论学习。回想起来，当年李老师也给我们请英文专业的教授开设了视听等课程，希望我们能全面塑造双语、多语的能力，可惜我未能像我的一些同学那样在这个方向进展下去。我经由诗学、美学的红线，发现后面法国思想文化的迷宫是如此深幽，选择了根据研究兴趣提前结束双语学业，去北大攻读硕士，继续钻研法国文学、美学理论。法国象征主义在现代中国产生了重要影响，由此启发我进一步探索中法跨文化对话视野中的理论迁移。李老师在当时很赞赏并支持我的这种选择，这也让我有动力一直向前，朝着当时还显得那么遥远的中法跨文化对话前景，开始了后来日益深入的研究。

在本科阶段的四年学习中，李志清教授带给我的绝不仅仅是一些具体的、专门化的知识，而是一种充满动能的力量，他让我意识到应该把握任何有限的机会去学习、钻研，超越自身眼界的局限，敞开心胸接纳未知的、相异的文化，不断地探索新的领域，用独特、合作的态度一起试验、创造，做永远不知足、充满好奇的求知者，培养丰富的、充实的学养与人生的趣味。在李志清教授传播给我们富有光明与希望的能量之中，这些也是最鼓舞我从那间狭长的小教室走向远方、走向多年的求学与修习的永不松懈的力量。

1999年，我也曾惊喜地收到李志清教授主编、山东大学出版社出版的一部中法文的文集，而我用法文撰写的本科论文也被全文收录在该书中，成为我用法文发表的第一份正式出版的专业成果。当年，李老师也鼓励我们结合自己的兴趣，去新校区文学院等选修课程，在本科修习的课程与毕业论文中，形成初期的研究线索，后来也启发我去不断摸索和推进中法美学的跨文化对话。我在1998

年本科毕业后的暑假,也参与了李志清教授主编的系列艺术讲座影像资料的翻译工作,我独立承担完成了其中关于普桑、安吉尔、凡·高的讲座的翻译工作,该书也于1999年在齐鲁音像出版社出版。这一切都得益于李老师坚定、高效的工作方式,给当时才20岁出头的我,在学术生涯的道路上开了好头。当时我接受李老师给予的机会并去认真执行,但对于结果的呈现并不太在意,日后回忆,方觉起步早且获得综合学术能力训练与早期成果积累的一份难得。2021年,即毕业25年之后,我邀请李志清教授到法国驻沪领事馆参加我荣获金棕榈骑士勋章的证书颁发仪式(2015年获得,2021年在沪补发证书)。他在我组织的"释通"工作坊里做了精炼而透彻的讲话(主题为"'通'则双赢,'堵'则零和博弈"),阐发了如何开辟一条"交流沟通的大道"的跨文化思考,也在当晚于领事官邸举办的仪式活动中做了发言,给予我强有力的支持。而在这些时刻,我也再一次领会到,就像当年我们聆听李老师授课、言谈、与外宾会谈的诸多时刻一样,李老师总是能用风趣幽默的例子瞬间打破语言、思维之间的阻隔,这与他广博的学识以及在跨文化的活学活用的诸多实践,显然是分不开的。

现今依然精神矍铄、时刻保持风趣的师者李志清教授,转眼年满八十高寿,仍与当年创立新的专业时五十岁的他一样,挺立在那里,整个人都充满了充沛的能量与干练的劲头儿。他散发出的活力是非常有感召力的,在他的浓眉细目之间,有持久不变的、始终如同他父亲给他取的名字(志清)一样高洁的追求,每当全场为这种气息所吸引时,他一定也会随时用带着些微狡黠的睿智,抛出一些令人意想不到的幽默语句,让全场都为之动容大笑。李志清教授曾在1995年获得法国金棕榈骑士勋章,2002年获得金棕榈军官勋章,2014年又获得法国最高的教育勋章荣誉——金棕榈统帅勋章。他曾无数次赴法讲学、演讲、交流、会谈,有李志清教授在场的地方,无论在中国还是法国,总是会充满清爽、高洁的精神气息,也承载着丰富、多样的法国文化。在他运用外语而言辞通达异域、他者的时刻,也体现出他跨越边界进行诠释与沟通时不乏幽默感的、独特的魅力,这都是他身上非常值得我们后辈学人学习的非凡能力。

祝愿我的法语启蒙老师李志清教授永葆他坚韧而超越年龄界限的生命活力,如同泰山山巅的青松一般长青,迎着日光,笑对风雨,坚毅地伫立,带着感染众人的清爽笑容与不懈精神,保持生生不息的活力。

赤子童心

——敬记李志清老师

张伟*

作为山东大学首届法语专业的一名学生,我是何其有幸。那是李志清老师在山大成立的第一个法语班。这么多年过去了,入校报名、第一节法语课、第一次圣诞节联谊晚会、第一次去中法合资公司做翻译实习、第一次乘飞机飞往法国的情景,仿佛历历在目。而这诸多第一次,都得益于李老师的细细规划、步步筹备和谆谆教导。

李老师的法语课,在发音和语法方面为我们打下了坚实的基础。在后来的工作中,常有法国人听到我的法语发音后,问我在哪里学的法语,我总是骄傲地回答:“在山东大学法语系!”记得刚开始学语音时,李老师会挨个走到我们跟前,仔细纠正每位同学的发音;而现在从教的我,也向李老师那样,非常注重同学们的语音基础,一遍又一遍地带着同学们巩固语音,直到根深蒂固,看到生词能脱口而出正确标准的发音。在这一点上,我庆幸得到了李老师的“真传”。

李老师在专业上的确让我受益终身,还可以举一个具体的例子:法语语言的特点之一是动词变位复杂,其中第一组动词的第一、二、三人称单数和第三人称复数的变位,词尾虽然不同,但是发音是一样的;老师当年在黑板上把写成两列的变位中的这四个人称的变位圈起来,构成了一个像筒靴一样的图形,并称这是“圣诞老人的靴子”。在我十几年的法语教学过程中,每次讲到法语动词变位,都要绕不开地提到这“圣诞老人的靴子”,而这只靴子也因此帮助一届又一届的同学们迅速厘清了法语第一组动词的变位特点。

*张伟,1999年毕业于山东大学本科,2003年获昂热大学硕士学位,曾在上海交通大学法国留学项目任教,并担任主管;先后在法国雪铁龙、阿尔斯通等公司任笔译译员。

李老师上课令人记忆犹新的另外一点是声音洪亮，字正腔圆。这一点好像老师的为人——坦荡、自信、认真。记得前两年（毕业20年后）去听老师在上海的一场关于雨果的主题演讲，整整两个小时的演讲过程，老师一直拿着话筒，面向观众侃侃而谈。那天老师的声音和20年前给我们讲法语课时一样掷地有声。我想，老师是一个有坚定信念的人，这信念在几十年里源源不断地赋予他力量。

去年，我们的同班同学、在学术上做出傲人成绩的姜丹丹组织了一次学术交流会，我有幸参加并听到了各位在不同领域的博学之士的精彩演讲。那天李老师也在场，我看到老师并不以前辈自居，而是挺直身子聆听着每一位演讲者，我想这是老师的学者本色使然，不放过任何一次为自己补充学养的机会，无关身份，不虑年龄。

老师的学者本色还有例证，是校友分享告知的：母校山东大学组织校庆聚会，大家聚首寒暄后，常常埋头看手机；可是李老师至今不用智能手机，从包中拿出一本书，自得其乐地翻读。我觉得李老师的学者风度达到了一种纯粹的境界。

这样一位在法语研究方面不断深挖、让人敬仰的学者，同时还有着一颗不与之矛盾的赤子童心。有回忆为证：记得大学一年级时的6月1日，李老师在班里组织了“回忆童年”法语演讲比赛，我至今记得大家一边吃着李老师请客的冰淇淋，一边听着同学们轮流讲述的童年故事，那是我今生最难忘的“儿童节”之一，李老师爱学生的心可见一斑。

去年姜丹丹因引人注目的学术成就获得法国金棕榈骑士勋章，上海领事馆组织了庆祝活动，请大家共同的恩师李老师在活动上讲话。李老师在讲话里引用了法国作家马塞尔·帕尼奥尔的著作《父亲的荣耀》里的话：“得知自己的孩子比别的孩子优秀时，父母的心无比自豪；学生相对于老师也一样，学生的成就让老师心底引以为豪。”老师的讲话引起了法国领事的真切共鸣，那天李老师、姜丹丹、曾在使馆工作的王志楠和我离开领事馆最晚，是最后跟领事说一声再见的人。李老师领着我们走在了中法语言文化交流的道路上，老师至今还在身体力行地带着我们往前走。今生我们要砥砺前行，方能回报老师的言传身教。

敬祝老师健康、快乐！

摆渡人李志清老师

宫黎*

月前，刘洪东师弟跟我们联系为李志清老师80岁生日与从教55周年出版的图书征稿。岁月真是不饶人呢，印象中那位长着一头浓密黑发、两道浓黑寿星眉，戴着方框眼镜，笑起来眼睛弯弯有点儿腼腆，但永远精力充沛，有使不完的劲儿的李志清老师也要迈入耄耋之年的门槛了！当然我们也早已跨过了不惑的年纪，生命中竟有大半时间是受了李志清老师这位摆渡人带我们进入的法国语言文化世界的影响，而且这影响还会伴随我们直到终老。是该坐下来为老师写点儿什么。然而翻遍了身边的相册，在脑子里仔细过了几遍，竟没能找到一张与李老师的合影……那就把记忆中的点点滴滴串起来吧，曾经的平凡时刻在时间的洗礼下竟也泛出不一样的光芒。

李志清老师的专业水平和学术成果我就不一一赘述了。不管是专业学生还是二外学生，凡是学过《大学法语》的一定都知道主编李志清老师。但李老师为人极为低调，他先后被法国政府授予金棕榈骑士勋章（1996年）、军官勋章（2002年）和统帅勋章（最高奖，2013年），作为学生的我们都是事后从新闻报道里获知老师获奖。他很少跟我们提及自己的过往，却无时无刻不在为自己的学生创造各种与法语和法国连接的机会。他思维活跃，心胸宽广，在对学生发展有益的事情上，是一贯的务实和百分百的支持。

1995年9月，我跟其他15位同学一起走进山东大学外国语学院西语系学习。此时是李志清老师在山东大学设立法语专业的第二年，我们是第二批入学的学生。李老师是西语系主任，从华东师范大学毕业不久的殷老师是我们1995

---

*宫黎，山东大学西语系1995级学生，现任法资咨询公司安可锐（北京）咨询有限公司总监。

级的班主任兼法语精读老师。为什么是西语系而不是法语系？我清楚地记得当年的招生简章上要求西语系的学生同时精修法语和英语，在大学毕业时达到法语本科水平并通过大学专业英语4级考试。李老师的目的之一是增加同学们毕业时职业选择的可能性。与法语相比，英语确实在生活和商贸往来里有更多的应用场景，这一点我后来在法国的世界500强企业的工作中感触颇深。然而5年的学科设置并没有成为同学们学业发展的"拖累"。李老师做通了学校的工作，鼓励我们在大四就参加研究生考试，获得录取的可以提前毕业。于是在1999年，我们班有5位同学成功考取了北京大学、北京外国语大学、南京大学、广州外语外贸大学和大连外国语大学的研究生，我和另一位同学获得了扶轮社（Rotary Club）和莱昂斯俱乐部（Lions Club）的助学金，赴法进修。在2000年，又有1位同学考取北京大学的研究生。单从考研的成功率和成绩来说，这绝对可以位居国内各法语专业的前列了。

进入大学之前，我对法语和法国的全部印象不外乎是"法语是世界上最美的语言""贵族语言""巴黎是时尚和浪漫之都"等。然而当真正进入法语专业的学习，我才意识到：在一所以文史哲著名的综合性大学里，一个设立不久的小语种专业，资源是何等的匮乏！是呀，互联网刚刚起步的20世纪90年代中期，我们与法语的全部连接原本就是两位专业法语老师、三位二外法语老师以及比我们高一级的十几个学长。但其实不然，我们西语系在当时受到整个外院乃至全校的关注：我们系自大一第一学期就配备了外教，由外教教授原版《新无国界法语》（*Nouveau Sans Frontières*）教材；大学四年级的时候李老师从巴黎七大请来了语言学教授弗朗索瓦·阿特拉尼（Françoise Atlani）女士。阿特拉尼女士在1999年春节后来到济南，整整一个学期，她给我们讲授了语言学课程和法国现代文学课程，帮助我们排演了法国新小说派代表作家娜塔丽·萨洛特（Nathalie Sarraute）的戏剧作品《非黑即白》（*Pour un oui ou pour un non*）。可惜当时没有智能手机，也没有发达的社交软件，不然十几个中国大学生的表演也许在萨洛特女士1999年10月去世之前可以呈现到她的眼前。学习外语的目的在于实现交流，能听并会说准确的发音和表达是基础，更重要的是建立不同文化间沟通的桥梁，这就要求对语言国的风土人情以及思维方式有深入的了解。从我们大学一年级的专职外教法国人梅耶（MEYER）先生（他的专业是德国文学），到大学二年级时的兼职外教，来自法语国家的外国留学生们（有非洲国家的在读数学博士、瑞士留学生、加拿大魁北克留学生等），还有一位法国外派人员的夫人科琳(Corine),再到大学三、四年级的专职外教克萨维尔·列路(Xavier Leroux)、菲利浦(Philippe)和阿特拉尼女士,每个人都给我们带来了不一样的知识和文化体验,包括不同的语音语调、穿搭和餐饮习惯,这样丰富的体验对于大学时期的我们实在是难能可贵。

《非黑即白》演出后谢幕照
资料来源:山东大学西语系1995级学生李凤提供

李老师还积极与法国企业联系,为学生创造法语社交和社会实践的机会。1996年法国电力公司(EDF)在山东有项目,当时大概有3个家庭常驻济南。在李老师的倡议下,法国电力公司资助山大西语系建立了电影俱乐部(Ciné Club),每个月的某个周五晚上在山大外语学院放映一部法语电影,外加法国美食的品鉴,让同学们直接感受到何为法式生活。这一活动后来演变成每月一次在雅高集团旗下济南银座索菲特大酒店的法语角。我们西语系还接受了很多原版赠书,每个人都有一本法国使馆赠送的拉象斯(Larousse)原版词典作为工具书。1997年上半年蒂森电梯公司在济南清河设立了合资厂,当时的总经理和几位工程师都是法国人,我们1994级的学长开始轮流去厂里实习做翻译。李老师在了解到其总经理让·克劳德卢耶(Jean-Claude Luxey)先生是国际精英组织扶轮社法国昂热分社的重要成员后,动之以情,晓之以理,成功说服卢耶先生牵头扶轮社法国昂热的4个分社与山东大学外国语学院签订了自1997年9月起在4年内资助4个学生留学法国为山大西语系培养师资的协议。我是第3个受益于此协议的学生,2000年7月在法国昂热大学获得对外法语教学本科文凭(maîtrise)并回国教学。至于后来我们4个学生包括李老师本人都未能留在山大已是另当别论的后话了。1998年春季,法国布列塔尼大区在山东济南设立代表处;秋季,法国派出大规模代表团参加在大连举办的世界渔业博览会……这些都成为我们西语系学生实践的机会,确实令其他院系的同学羡慕不已。

此后的日子我返回法国继续学习,并在2006年底回国工作,进入阿尔斯通中国的轨道交通部。其间,我与李老师的联系不多,偶尔会从其他同学那儿听到他的消息,比如李老师在64岁考取了驾照,开着崭新的越野车接送去青岛出差的同学;比如他依然活跃在法语教学的第一线,每年会去国内外不同的大学做讲座,从不言累;比如李老师的法语讲得依然那么严谨,头发依然那么茂密浓黑……我们经常感叹岁月似乎没有在他的身上留下什么痕迹。最近几年每年到高等教育出版社开会,李老师都会发信息给我,让我联系在北京的同学小聚。然而常常事与愿违,各种工作生活琐事使然难得聚到一起。2019年10月李老师来京,大家又没能聚起来,我请他下次早点儿打招呼,李老师在短信中回复道:"我几乎越来越忙,往往无法预料。"直到现在李老师仍然拒绝使用微信,原因是"太干扰正常生活"。50多年了,他依然忙于做法国文化的摆渡人,不希望把时间浪费在教学之外的一些无用的事情上。可见李老师并非擅长或者热衷交际,在一些与人情世故相关的问题上,他甚至会略显简单。如果说他头脑灵活善于创造机会,那他的学生——我们——就是这些机会的最大受益者。

Vienne la nuit sonne l'heure, les jours s'en vont, je demeure.

夜幕降临,晚钟低鸣,时光流逝,唯我独留。

1999年山东大学主办了一次全国专业法语教学研讨会,北京大学的王文融教授、北京国语大学的薛建成教授等国内知名教授都来济南参会。不记得是哪一个环节,李志清老师用他动听的男中音深情诵读了法国诗人阿波利奈尔(Apollinaire)的这句诗。我们敬爱的老师如今要迎来他的80岁生日暨执教55周年纪念,借用最近与李老师沟通时他发来的一句话"年轻已成往事,但活力尚存!",衷心祝愿李志清老师这位80岁的年轻人永葆青春活力!您依然是您,我们的老师和榜样!

鸿志笃行守初心 清风徐来自芬芳

——记李志清教授

吕继群*

李志清教授是我的法语启蒙老师，我们是当年李老师创办的山东大学西语系（法英双语种专业）的第二届学生。李老师对专业建设倾注了全力，努力争取了法国官方机构和企业的支持，为西语系师生提供了许多最新的法语学习资源，也保证了我们大学四年始终有外籍教师参与教学，其中包括法国大学资深教授。班上同学的专业知识普遍比较丰富，专业能力也很有竞争力，想必和当年李老师为我们创造的良好学习条件是分不开的。

我们在读时，李老师除系主任身份外，也是外语学院的领导，给我们上的课并不多，所以我也自动默认老师难以记得每一位学生。从山大毕业后的十多年时间里，虽然也都在法语教育圈，但从来没有主动联系过李老师。后来在庆祝李老师从教50周年之际，我发了一条祝贺短信，没想到时隔多年，李老师还清楚地记得我，交流中提及的关于我本人的信息也真实准确，令人欣喜。想来，当年的我们作为西语系的"元老级"学生，都牢牢地刻在了老师的记忆里。

和李老师联系较多还是在近几年，在这一过程中深深地感受到了老师对于法语教学的无限热情、对于工作的全情投入和对他人的无私帮助。

2020年，借着一股工作上的干劲，我接受了某出版社委托，开始牵头编写一套中学法语教材。项目启动后才发现，编教材是个大工程，光有热情和干劲是不够的。编写团队首先需要统一思想、提高认识、掌握编写语言教材的基本技能，因此团队需要进行专业的培训之后才能真正开始动手编写。在考虑邀请进

*吕继群，山东大学西语系1999届毕业生，广东外语外贸大学法语系副教授，硕士生导师。

行指导的专家人选时,我自然就想到了李老师。李老师被法语界同行称为“教材专业户”,主编、参编教材32套,其中国家级规划教材就有5套。2021年10月,李老师还获得首届全国教材建设先进个人称号,是全国小语种教学界唯一的获奖者。但是因为平时联系不多,发出邀请时我也不能确认是否能得到肯定的回复。没想到李老师二话不说,立马答应,丝毫不关心对方能为像他这样的外语教材界重量级人物提供怎样的待遇。我想,这毫不犹豫的背后,支撑着李老师的是对于法语的无限热爱和对年轻人编写教材的无条件支持。

在之后准备讲座的过程中,有两件事情让我深受触动。一是李老师对讲座内容进行了完全个性化的处理。通常资深教授们做自己擅长领域的主题讲座时,可能大都凭着自己的经验和学识便可侃侃而谈,不需要特别准备。而李老师为了那次讲座,专门仔细研读了作为该套教材编写依据的课程标准,自己总结了其中的关键性内容,在讲座中提出了许多具有针对性的建议和具体的指导,明显花了很多时间准备。二是李老师对于讲座质量的重视。会议原打算使用腾讯会议,这是新冠肺炎疫情以来广泛使用的一种简单便捷的会议召开方式,发言人在家就可以完成讲座,但其缺点是受制于网络质量的影响,如果信号不佳,讲座可能偶然会断线。这本无大碍,李老师却十分重视,专门请了自己学校的专业人员帮忙录制了讲座视频,以保证讲座的完整和流畅。对于为此的付出,老师只字不提,自己默默消化了。讲座效果很好,团队成员都觉得受益匪浅。之后我向李老师反馈讲座效果并表达谢意时,老师很高兴,并说了一句让我作为学生格外感动的话:老师做的事情能为学生添光彩,实在是一件乐事。同时李老师也非常关心学生的成长。讲座之后,他一直很关心这套教材,不时询问编写情况,我也常常向老师咨询诸如团队管理等各类问题,李老师总是不吝惜自己的宝贵经验,耐心而真诚地给出了许多颇具建设性的意见,给了我极大的力量。

教材完成初稿后,出版社希望邀请专家进行把关指导。李老师当然是不二人选,他照例一口答应了我们的邀请,而且坚持来穗现场指导,确保效果。一套教材需要专家审查指导的地方很多,出版社希望专家多留几天。向李老师发出邀请时,我以为会有足够的经费匹配李老师的专家身份和工作时长。但事实与我的预期有差距,我向李老师表达了歉意,谁知李老师回复我:“别在意,只要你们觉得我的指导对教材编写有帮助,我就很高兴了。”李老师心怀的也许就是通过扶助后生、提携年轻人而让法语教学事业一直薪火相传的那一份初心吧!

在和李老师打交道过程中,我也深深感受到了李老师积极的工作态度。拿李老师重视的教材编写来说,他多次表达了对于编教材工作重要性的认识,认为编教材是老师所能做的功德无量的三大工作之一，他自己也一直身体力行，主编了多套经典教材。李老师因为工作出色，获得了全国教材建设先进个人的殊荣，肯定了他多年来在这方面所做出的努力和贡献。但不可否认，编教材在很长时间内都是属于吃力不讨好的事情。吃力，是因为编教材首先对编者自身的专业素养有很高的要求，而且编写中需要考虑编写原则、编写依据、时代性、适用性等多方面因素，需要面面俱到才能出精品；不讨好，是因为在过去很长一段时期内，编教材在很多高校都不被重视，教材成果在工作绩效评估中无足轻重，而且更不讨好的是编者可能因为自己的教材而面临圈内所有老师和学生的评判。大家都知道编教材不容易，但是使用者随便指出几个因编者疏忽而存在的问题却是很容易的事。可能需要承受的这些指指点点对编者来说也是极大的考验，在这样的辛劳和压力之下，李老师还一直主持和参与不同教材的编写工作，显示了李老师对于自己信念的笃定和对于法语教学一份无边的热爱。

李老师虽然年近八十，但是保养得当，身板笔挺，思路清晰，丝毫没有大多数古稀老人弱不禁风的样子。我想李老师健康的体魄应该也是与他积极的人生观分不开的。闲聊中，有年事稍高的老师感叹年龄带来的种种不适和不便时，李老师轻松带过话题："这个年纪谁都多少需要吃一些维持健康的药，不要有思想负担，接受现实，好好活着就好！"是啊，有的人一直对自己的工作和生活保持着极高的热情，也许辛苦着但是一直热爱着，这样的人生大抵都会是很幸福的，李老师就是这样的人，是我们羡慕的对象也是我们希望成为的样子。

祝李老师80岁生日快乐！福如东海，寿比南山！

问渠那得清如许

——忆李志清先生在山大

张俊丰*

1998年是一个特殊的年份，那一年有洪水，那一年有世界杯，那一年WINDOWS98横空出世，那一年大学最后一年没扩招，那一年"我们"入学——山东大学1998级法英双修专业。

在我来到济南之前，就已经耳闻一些山东大学的信息，尤其是高中班主任的赞美之词更是让我心中充满了骄傲。一进入校园，空气中都弥漫着青春气息，老校西门两边高大的白杨树似乎暗示着什么是栋梁。

那时法语还是"货真价实"的小语种，没有多少人知道。"法国人浪漫"，埃菲尔铁塔、巴黎、拿破仑……不光普通人老百姓，即使我们这些新生对法语的了解也就仅限于这些了。

大一的那年每天都很充实，但也是各种忙乱。日子在白纸上胡乱抹写成什么都很开心。那时我们都知道系主任是李志清老师，一个很"厉害"的老师、学者。但是第一年我们没有他老人家的课，主要给我们上课的是翟雯老师——一个清瘦秀丽、开朗自信的大眼睛师姐。之所以暗地里称师姐，是因为她确实就是我们的师姐——当时山大西语系最优秀的毕业生签约送法国进修，然后回山大任教。彼时学法语的出路简直不能更好，回山大来教学，得靠情怀。翟老师很认真负责，无奈我们实在贪玩，学习上男生都被女生甩开一大截。

至于李老师，犹如听琵琶，我们对他的感觉是只闻其名，未见其人。一会儿听说他去法国教学了，一会儿听说是出差谈判了，反正是他在云端，我们在

*张俊丰，山东大学1998级法语系本科，四川外国语大学、巴黎第四大学硕士，广东外语外贸大学博士，现任教于四川外国语大学。

操场。

大学生活太愉快了，于是浑浑噩噩地就到了大二。

此时，“幸福生活”戛然而止，因为李老师给我们上课了。他总是微笑着，穿着一丝不苟，带着那种知识分子特有的气质。他给我们上课，不会布置作业——因为都是当场做！现在想起来都是头皮发麻，尤其是法翻汉、汉翻法。也不知道当时我们班女生是怎么想的，反正我们男生一共十二个，下了李老师的课就跟逃难结束一样。因为经常快下课的时候都是同样的画面：我们心里惊慌却一副波澜不惊的样子默数自己该翻译哪一句。那种恐怖感逐渐加深的感觉，至今仍历历在目。也正是这样，他的课一结束，我们本该欢呼雀跃，但是回到宿舍却鸦雀无声。记得曲辰当时慢悠悠说了一句：这一学期，自己法语高了一个境界呀。我们很难得没有嬉皮笑脸，认认真真地应和：真是这样。是啊，课前紧张复习，课上全程高能，课后自我检讨……原先翟老师的课虽然也都认真，但不害怕啊。我们也知道，她那么温柔，怎么着也会让我们及格的。

后来李老师又给我们上文学泛读课，这个课对我这辈子影响都很大。他虽然对于我们的学习严肃认真，从不姑息，但是也幽默、搞笑，绝不乏味。泛读课上的一些片段至今仍然记得，想起来就好笑。有一段时间李老师给我们讲都德的《磨坊书简》，里面的《西蒙的爸爸》和另外一个老爹孵蛋的故事现在都还记得细节。讲《西蒙的爸爸》的时候，我们不理解 faire la bise（贴面孔）什么意思，因为之前只学过 s'embrasser（拥抱）。而且那时候，完全没有什么国际礼节的概念，同学之间就是表演戏剧都不好意思 s'embrasser。李老师讲到这个词，说这个跟 s'embrasser 可不一样！差别很大！ s'embrasser 是这样的，faire la bise 是这样的！边说边做出两个动作的区别，他一本正经地扮起男女之间是如何 faire la bise 的，把我们给逗得哄堂大笑。还有那个老爹孵蛋的故事，他也是一边讲，一边表演，惟妙惟肖。“ohé, mon gendre!”那个老爹称呼餐馆客人为女婿的情节至今还是满满的画面感。故事里的那个胖老爹很搞笑，还吝啬，跟一个更加吝啬的瘦老婆开着一家餐馆。为了省钱，胖老爹被瘦老婆逼着孵小鸡，结果居然孵出来了！故事结尾的时候，李老师也是模仿那个胖老爹得意洋洋地捧着小鸡跟别人吹牛。太逗乐了，多少年过去，都忘不了李老师在讲台上那些生动的表演。

遗憾的是，我们大二刚结束，李老师便因为各种原因离开了山大，去了中国海洋大学。在那短暂的两年的时间里，发生了很多事，大部分已经忘记。但是做了老师之后回忆起李老师，那么多珍贵的瞬间慢慢汇成了一些连贯的知识和道理。

首先是他开拓了我们的眼界。彼时的中国，全面开放才刚开始，出国还是一个遥远的话题，而我们，大部分也还都是一个个的小“土包子”，不知道未来在哪里，更不知道将来的天地有多宽广。是他告诉我们法国是一个什么样的国家，国外的世界是一个什么样的世界。他一边教我们法语，一边强调英语的重要性，让我们不要忘了英语。不过我们当时的专业本身就叫“法英双修”，把英语学好本来就是分内之事。当我们抱怨法语多难，羡慕法国朋友们的口语时，他会揶揄地说：“唉，法国人的法语，现在也是一个问题。那么多毛病！”哇，老师的法语比法国人的法语还要好！于是我们顿时有了一些信心。至于英语本身，他很不客气地说没有法语那么优雅。他给我们讲了诺曼底公爵征服英国，英国的贵族如何学习法语。我们瞬间便觉得自己的专业高大了起来。要知道那时英语是最吃香的，英语专业的师兄们毕业，一个个地是被“请”走的，每个人手上都能握好几份邀约函。

其次是他鼓励我们要有强健的身体，鼓励我们多参加一些体育比赛。其中有关足球的一个画面至今还历历在目。记得那年鲁能泰山双冠王，李老师一见到我们男生就会给我们讲球。有一次是重要的鲁能对国安的比赛，他嫌自己一个人看没意思，专门把我们几个踢球的男生叫到他家去看球。那场比赛现在我还记得，是1:0，宿茂臻头球进的。那时候最强的足球队一直是万达、申花和国安，鲁能始终都是中间，不差但是也不显眼。可是桑特拉齐来到济南做教练，还带来了萨沙做守门员，完全就不一样了。那天下午在李老师家看球，李老师眉飞色舞地讲战术：“你们看吧，今天的比赛鲁能如果发挥好，没准儿会平局。要是能进球肯定是右路李小鹏下底传中给宿茂臻，然后头球进。其他根本不可能进球。不过，输也输不了几个球，顶多也是输一个。主场不能太丢人，2:0，那明天球迷会骂的。”上半场比赛快结束的时候，突然，李小鹏带着球下底传中，但是两个后卫把他逼向死角，看起来没戏。但是李老师突然头往前一探，扶扶眼镜，瞪大了眼睛，指着屏幕，很严肃地低声说：“这个球，要进了。”那神态很像一个风水大师看风水，我觉得说得太早。但是没想到就那么一瞬间，李小鹏到了死角一个大脚开向中路，由于重心不稳，自己都摔倒了。然后那足球就沿一个漂亮的弧度飞向球门，球门那里双方好几个球员正在互相身体对抗，我还没有看清哪个才是宿茂臻，只见一个球员很神奇地跑了两三步，然后起跳，头刚好就顶在足球上——此时其他人要么已经落地，要么刚起跳。一记漂亮的头槌，进球了！

神了啊！李老师。我们一阵欢呼，李老师一脸满足的微笑："你看吧，今天可能会赢。接下来前方除了宿茂臻，都会撤下来防守。"果然如他所言，国安拼命进攻，无奈鲁能严防死守，而且一不小心宿茂臻差点就又进一个，国安到了最后的时候简直疯狂进攻，守门员都要上前了，但是鲁能门将萨沙没收了两粒很珍贵的打门。

他还跟我们讲经世致用的道理，遇到问题需要妥协才能解决问题。学外语很有可能将来就会从事外交，参加外事活动，学会妥协才能办成事。

当然，李老师不仅学识渊博，还有其他很多优点值得我们学习。比如他很善于学习。多年之后，我们都已经走上工作岗位，每次遇到李老师，他都依然精神抖擞，而且要跟我们天南地北地聊天喝酒。聊天的时候他特别谦虚，也善于倾听，对于时事他从来不会固执，而是会认真听我们讲。

关于李老师，还有一件事对我影响很大，那就是他对编写教材的执着。记得他说过："在我去世前，书架上一定要有一排自己主编的书。那这辈子就没有遗憾了。"

如今，有幸能够庆祝李老师高寿，回忆他老人家说过的话，不胜感激，由衷地为自己感到庆幸！庆幸在最重要的年华里能够遇到这么好的老师。如此心情想拿一个不太恰当的比喻和一句诗来形容：如果说我们是传授知识的小水渠，那么"问渠那得清如许"！

他就是我的底气

汪琳*

2001年,我作为青岛海洋大学(2002年更名为中国海洋大学)法语专业第二届学生入学。彼时,我还没有意识到那个有着标志性浓眉的系主任李志清老师会给我的人生带来多大的影响。

读本科时,李老师为我们学生做了大量“润物细无声”的事情。系里每年组织大型圣诞晚会,我以为这不过是弹指之劳,师生尽欢是必然。每天清晨我们去上课就能透过办公室的窗户看到李老师端坐的身姿,傍晚我们下课时见到他的剪影在白炽灯下愈发清晰,无论何时要找他,似乎只要离开教室走几步就能见到,我以为这是大学老师的常态。他在法国文学课上旁征博引、如数家珍,给懵懂的我们以法语文学之美的启蒙与阐释,我以为这是所有文学课共通的魅力。我们在上课的小教室可以阅读各种法语报纸与杂志,我以为这是学校的包容与开放。从第一届学生开始,法语专业的学生大三时就可以赴法交换,优秀者甚至可以拿到学位,我以为这是法国欢迎中国留学生的表现,教育大国不愧盛名。李老师早早地敦促我们定下考研志愿,我坚持保研本校时,他苦口婆心找我谈心数次,让我考去外校,说我们的学生一点也不比其他学校的差。我开始意识到,他是全心全意在为每一个学生考虑。但直到今天,我也丝毫没有后悔自己在本校读研的决定。因为师从李老师,以研究生的身份和他密切接触,让我看到了作为法语老师和系主任的理想范本,也让我最终成为今天的我。

读硕士时,李老师的形象不再是一个简单的符号,而是一个睿智、幽默的导师,一个殚精竭虑、舍己为人的师者。随着和外校法语专业学生的接触变多,我明白了他加大法语和英语课程强度的高瞻远瞩,明白了海大法语专业培养的学

---

*汪琳,中国海洋大学2001级本科,2005级硕士,2018年获南京大学博士学位;现为浙江师范大学法语系主任、副教授。

生超过许多知名高校的学生这一说法并非夸大其词，明白了大四了还要每周上四节英语课的安排为自己日后阅读外文文献带来的好处。研究生比本科生人少，他可以更深入地谈文学，谈哲学，谈文化，我明白了学生可能永远无法了解一个好老师的知识广度和深度，因为老师必须因材施教，对什么样的学生用什么样的教学法。即便研二在法国交换时，李老师也一直牵挂我们，帮助我们解决学业和生活中的难题。我感叹一个人的精力怎能无穷无尽，后来方知，那是因为他的爱无穷无尽。在爱里毕业的学生和在爱里长大的孩子一样，对世界充满信心，无所畏惧。

作者2008年6月在中国海洋大学的毕业照

2008年，我回到家乡，入职浙江师范大学。那时学校还没有法语系，我负责教二外，教材就是李老师主编的《新大学法语》。年轻的我和学生打成一片，我和他们说，我的人生理想就是亲手建一个法语系，就像李志清老师在山东大学和中国海洋大学那样。我们申请新专业需要师资力量，李老师二话不说提供了他的材料，说能用上的尽管用。我请李老师来金华给学生们做讲座，他在繁忙的行程中抽出空从青岛飞来，讲座赢得满堂喝彩，当然这是常态。学生说老师你好厉害，居然能把我们教材的主编请来做讲座，我不禁有种"小人得志"的猖狂感，因为李老师是我的老师呀！我准备考博，李老师亲自打电话帮我联系导师，博导后来告诉我，李老师的推荐有理有据有情，他当即为之信服与感动。我对李老师说："您怎么那么好？您有那么多的学生，每个人都可能找您帮忙，您怎么忙得过来？”他回答：“一日为师，终身为父。”这句话，我今天也在对我的学生说，当然，我改成了：一日为师，终身为姐。

2009年4月李志清老师在金华兰溪诸葛八卦村

2018年12月李志清老师为浙师大法语系师生做讲座

2017年，几经波折，我们学校的法语专业终于获批了，我被委任系主任一职。从那时开始，我才真正意识到，李老师是怎样的存在！不要说大型圣诞晚会，仅仅是一个小小的学生活动，就有那么多准备工作，那么多环节，那么多意想不到，但必须去做，经验多了才会越来越顺。不需要坐班却每天去办公室是一件多么痛苦的事，多想坚持，可几经挣扎，最终放弃。专业课不像二外，多了许多门课，需要超过课时量数倍的备课时间，可尽管做好了PPT，要达到旁征博引、如数家珍的程度，也需要持之以恒下苦功。学生的对外交流对提高外语水平至关重要，但合作学校不是天上掉下来的，需要去联系，去争取，去跟进，去调整。和学生讨论毕业志向离不开前期对他们的深入观察和了解，对每个学生负责谈何容易。现在，我也是一名法语老师，也担任系主任。越做就越觉不易，越做就越感佩服。都说长大方知父母恩，现在是换位方知师不易。但我会充满信心地做下去，也许做不到像李老师一样好，也许会碰到更多的困难，何惧？因为李老师，他就是我的底气！

师者如光，微以致远

张苗*

真正的师者典范应该是什么样子？我想，那一定是李志清老师的样子。知识渊博，成就卓著，热爱教育，关爱学生，这正是为人师表的典范。

师者，所以传道授业解惑也。

李老师的法国文学课堂，幽默风趣，丰富充实，他全程用法文侃侃而谈，仿佛置身于宏大的演讲现场，向我们生动地展现一个绚丽多彩的文学世界。时而旁征博引，时而深入浅出，每个作家及其笔下的文学人物都变得可爱有趣了起来，晦涩难懂的哲学思想也变得触手可及。他在比较视域下进行的中西文明互鉴和文化对比分析，无一不鞭辟入里，引人入胜。

作为我本科和硕士阶段的导师，李老师引领我进入了比较文学和跨文化研究的领域，激发了我对法国文学和中国文学的兴趣和热情。他深入浅出的讲解和鞭辟入里的指点，令我茅塞顿开，明确了自己的研究思路和研究方向。当我面临工作的选择难以抉择时，当我在学术研究遇到瓶颈时，当我在生活中遇到困惑时，我都会找李老师聊一聊，他会春风化雨般为我解惑，帮我分析利弊，指点研究思路，给予了我莫大的支持和鼓励，正是这一切激励着我在教育和科研的道路上能够继续走下去。师者当如是。

师者如光，微以致远。

精致细腻和率性刚毅毫无违和感地集于李老师一身，对学生深沉的关爱，对法国文学的不懈追求，铸就了他优良的师德风范。李老师敢于拍案而起地为学生说话，尽心尽力地帮助学生解决实际困难，无论怎么艰难，他都毫无怨言，绝不推辞。比如我们在读本科和硕士期间与法国高校进行的交流学习和联合

*张苗，中国海洋大学2002级法语专业本科，2006级法语专业硕士，2016年获上海外国语大学博士学位；现为青岛大学法语系副教授。

培养等事务，李老师都不遗余力地一手搭建好交流通道，大到中法学校间的合作协议、联系法国高校导师，小到出国学习和生活方面的细节，李老师都事无巨细地帮助我们解决所有问题。无论在学习上还是出国程序上遇到问题，我们都会毫不犹豫地冲到李老师的办公室，找他诉苦，寻求帮助。他似乎是12小时都在办公室，他告诉我们："要找我就去办公室，我随时在。"事实的确如此，办公室的门似乎永远都是敞开着的。等我有一天也成了一名大学教师时，我才意识到：这说起来容易，要做到真心不是易事。

李老师还非常提携年轻人，无论是学生还是系里的教师，都受益匪浅。大学期间，我曾参与过李老师主编的教材《20世纪法国文学》的编辑校对工作，当时我觉得微乎其微，不值一提，但李老师把我的名字也加进了编委会成员名单，我深感受之有愧，但李老师说："你也为教材做出了贡献，应该加的。这对我没什么，但对你们年轻人很有用，能帮到大家的事，我很愿意去做。"当时，我特别感动，这确实对我日后考博帮助很大。后来，我在上海外国语大学读博期间，李老师去上海开会的时候也不忘约见我们几个在上海读书的学生，依然关心着我们的学业进展和生活状况。凡此种种，不胜枚举。在李老师身上，我看到了为人师表所具备的气魄和格局。

耕耘不辍，岁月无痕。

当年在李老师的引领下，我们法语系可谓"风光无限"。记得我任法语沙龙部长时，沙龙每周都举办很多丰富多彩的活动，这主要是得益于李老师的帮助。他联系各方法国友人，为学生办沙龙讲座，其中有教授、四星级将军、企业家等各行各业的代表，为我们展现了不同领域的法国社会和文化面貌。此外，诸多特色活动和工作机会也让我印象深刻，从法文杂志和经典名著读书会、法语电影展播、法语电视台，到举办法语歌曲大赛、担任法国卢瓦尔大区组织的经贸文化活动的口译员、法语联盟实习、在参与世界五百强的法国企业实习等。李老师悉心为我们打造出了沉浸式的法语学习环境，绝不亚于当时全国任何一所一流的语言大学。

无论曾经取得多少成就，李老师都依然不忘初心，耕耘不辍。一如既往地平易近人，诙谐幽默，不高冷，接地气。而这一切的外显需要内在强大的智慧支撑。他对学生尊重理解，对教育无限热爱，对中法文化交流倾注心力，我们由此看到了他对生活的热爱和深沉的人性关怀。

在生活中，李老师坚持运动，热爱生活，潜心教学。强大的信念和健康的体魄是他的有力支撑。因邀请李老师为学生们做讲座，我再一次有幸身临他时而诙谐幽默、时而鞭辟入里的文学课堂，仿佛时光穿越回了大学时期，那时候的我稚气未脱，而李老师和他的文学课却始终如一。在我青葱岁月的回忆里，李老师的谆谆教导依旧清晰如故。毕业后，我一直很怀念李老师诙谐精彩的文学课堂，而那天，梦想照进现实，他跟二十年前一样，站在讲台上为学生们连续讲了三四个小时，神采飞扬，侃侃而谈，不时传来学生们阵阵笑声。这热情堪称典范，这体力连作为年轻人的我们也自愧不如。我总觉得，时间在李老师身上似乎没有留下太多痕迹。二十年弹指一挥间，我已经老了，但李老师还是原来的李老师。

不忘初衷，潜心笃行。虽不能至，然心向往之。

“Il faut cultiver notre jardin.”（我们要勤于打理自己的花园。）记得大学的时候，李老师经常用这句话来勉励我们，要不断地学习，始终向前，就如同生活本身一样。当时我对这句话的理解并不透彻，后来随着生活的历练，我慢慢懂了，也时常会用这句话去鼓励我的学生，这应该算是一种传承吧。

虽然李老师成果丰硕，著作等身，但他仍耕耘不辍，奋斗不止。依然战斗在教学一线，没有丝毫的懈怠。我们有时不禁会问李老师：“您经历了这么多，也有了这么辉煌的成绩，为什么现在还是那么兢兢业业、毫不松懈呢？难道您就不会觉得累？不想多休息享清福吗？”但李老师说：“我热爱法国文学，喜欢教书育人，应该站在讲台上，就如同战士应在战场上一样。”

这也正是我有勇气想要投身法语教育事业的原因。在敬佩李老师的战斗风范之余，我在想，这是他用来抵抗时间的武器，也是他成就自己的方式。借着李老师的师者之光，未来我希望自己也能潜心笃行，匠心致远，既具有高尚的师德，又努力为中法文化交流做出贡献。虽无法望其项背，但至少我想朝着这个方向去努力。虽不能至，然心向往之。

为师者，惟匠心以致远，当臻于至善。

这正是师者的大家风范和师德典范，用来形容李老师的教育初心和教育实践，再贴切不过。他言传身教，潜心耕耘，书写了以教育为信念的毕生追求，真正做到了以一个灵魂唤醒了无数的灵魂。

做一个像李志清老师一样幸福的人

王丽媛*

让我提笔写李志清老师,我是有些惶恐的。他在我心目中是那么一个近乎完美的存在,以我的文字水平,难以描绘其万一。但是一千个学生眼中有一千个李老师,有这样难得的机会,我还是很乐于跟大家一起分享我心目中的李老师,和大家一起汇聚他与我们的点滴。毕竟有趣的灵魂万里挑一,而他,就是被选中的那一个。

在进入中国海洋大学之前,已经听说过很多关于李老师的传说,一直期待可以聆听他的课程。但那时,由他一手打造的海大法语系已经在国内叫响了名号,由他手把手培养的年轻教师队伍也已日臻成熟,李老师完全可以功成身退,只带带研究生"清闲"一下了。我会与他错过吗?那时的我还有小小的担心。现在看来,有这样的疑问,还是因为那时的我不了解李老师。来到浮山校区后,就那么大个校园,看到李老师的银灰色越野车停在图书馆前,我们就知道,他又来了。他为法语系和青岛法语联盟跑前跑后,为我们组织让全浮山都羡慕的圣诞晚会,为我们争取更多去法国交流学习的机会,还会深入浅出地给我们上法国文学课,面带笑颜,步履如飞。直到后来我才知道,给本科生上课是李老师自己的坚持,把脑中的知识播撒给更多的学生,把心中的热爱传递给更多的孩子,我想,这就是李老师对教学的初心吧。

本科期间,我们法语系的同学们渐渐发现,比起其他专业,哪怕是其他需要从零基础学起的小语种专业,我们法语系还是有着最满的课表,大三、大四都有不少专业课程,甚至还要学习高级英语。后来我才知道,开设高级英语课也是

*王丽媛,中国海洋大学2006级法语专业本科,2010级法语专业硕士,现工作于滨州学院国际交流与合作处。

李老师的坚持。而他的这份苦心并不仅仅是希望我们技多不压身,他更希望引导我们将法英两种语言进行对比,从而更好地掌握它们,并将这种方法应用到以后的学习和教学中去。师父之爱徒,则为之计深远,我想,这就是李老师对学生的用心吧。

研究生期间,我毫不犹豫地选择了李老师做我的导师,跟随他上课,跟随他做论文。毕业后,我也与他保持着联系,跟随他治学,跟随他编教材。他是那种对所有人一视同仁,对所有事事无巨细的人。无论是哪个导师的学生,还是仅有一面之缘的人,向他请教问题,他都不吝赐教。我论文里的"海洋文学"该用哪个法语词表达,选用什么题目才能让学生对我们编写的教材的用途一目了然,小到这样的细节,李老师都会关注到。跟他的接触越长,对他的了解越深,对他的敬佩也就越多。

他从不刻板说教,无论是讲课、讲座还是谈天说地,他总是从他的知识库中撷取一点,用幽默生动的语言铺展开,为我们描绘一幅迷人的历史、文化和艺术画卷。犹记得2016年我邀请他来滨州做讲座,一个巴黎文学之旅,他从墓地、咖啡馆展开,串起雨果、伏尔泰、卢梭、大小仲马、左拉、马尔罗、波德莱尔、兰波和乔治桑、波伏娃……两个小时意犹未尽。我的学生们告诉我,这是他们听过最好的讲座。我很开心,能让学法语的孩子们听过李老师的课,这种"福利",可太珍贵了。

李老师就像一台"永动机",为他热爱的教学和法语事业不停奔波。已过古稀的他,还是活跃在国内外法语界的一线,经常在联系他的时候,得知他又要去这里讲座,又要去那里主持活动,他总说:"我这一生最希望的就是,像莫里哀一样,他在舞台上结束生命,我则在讲台上,这是我梦寐以求的一生。"他是这样说的,更是这样做的。他斐然的成就是对这一切的肯定,而我们这些学生发自内心的爱戴,是更好的证明。

2016年为李志清老师庆祝从教50周年

每每跟别人谈起李老师,我最喜欢用"如沐春风"来形容他,他就是有这种魔力,让亲近他的人感受到舒服。他是一位"大家",但他从来不给我高高在上的感觉。这些年的相处，他成了我家人般的存在。工作没有方向的时候，给他发封邮件；有了另一半，第一时间带给他过目；每次回青岛，都要去拜访他。

在李老师从教50周年的时候，有幸去他家做客为他庆祝。他的家整洁明亮，装了一屋子的书，一橱子的酒，和从世界各地淘回来的大小物件。一如他的人，干净、渊博、甘醇而又丰富。他是治学大家，在生活中却又充满童趣，他会给当天要喝的酒挂上“drink me”的挂牌，会在冰箱上贴满世界各地的冰箱贴；他是大雅之人，却又不失烟火气息，柴米油盐不在话下，调得一手好酒，做得一桌好菜。只有对生活葆有赤诚和热爱的人，才会有这样尽兴的人生吧。

得遇李志清老师，是我学习生涯的幸事。每当说出“我是李志清老师的学生”这句话，我都感到满满的骄傲和自豪。生活总是不易，但我觉得李老师是一个幸福的人，他爱着自己的事业，爱着自己的学生，也被自己热爱的一切热爱着。最后，借用海子的诗，希望我们也如李老师所教所愿，和他一样，成为一个幸福的人：

像李老师一样，做一个幸福的人
教书、学习，周游世界
像李老师一样，关心粮食和蔬菜
我有一所房子，面朝大海，春暖花开
像李老师一样，和每一个亲人通信
告诉他们我的幸福
那幸福的闪电告诉我的
我将告诉每一个人
给每一瓶酒、每一道菜取一个温暖的名字
陌生人，我也为你祝福
愿你有一个灿烂的前程
愿你有情人终成眷属
愿你在尘世获得幸福
我只愿面朝大海，春暖花开

观海听涛

杨荣君*

盛夏将近，初秋未至，严冬尚远，早春可期。值此李志清老师八秩寿辰与从教五十又五载之际，夏夜独处之时，坐在笔记本电脑前，思绪渐渐流淌且回到从前。从2000年9月作为海大法语系第一届新生进入大学，到2004年6月作为海大第一届法语系毕业生迈入千姿百态的社会；从初入社会的懵懂、彷徨、颓丧到现如今逐步找到适合自己的路、明白自己的心之所属，我有深切的感受：这一路走来，从步入大学的象牙塔到毕业，及至现如今，我并不孤单并不是一个人在前行。因为有您，亲爱的、敬爱的Monsieur Li 、Professeur Li。作为海大2000级法语系的专业课老师和班主任，李老师既是传道授业解惑之恩师，亦为真诚相待的忘年益友。李老师循循然善诱人，博我以文，约我以礼，帮助我终于踩出一条属于我的路。

回首过去，难以忘怀，初入校园，为学习专业课焦躁不安、自暴自弃时，是李老师的肯定和鼓励拉回了我。初涉生活，沉迷网络不能自拔、整日浑浑噩噩时，是李老师的不离不弃点醒了我。初涉人生，因失恋而借酒消愁、自甘堕落时，是李老师的一句“时光不负赶路人。你还年轻，没有什么是无法面对的”让我回到现实。度过一段漫长的时光，我们总是匆匆忙忙，追逐着目标、理想或是梦想，忙于工作、事业或者人情交往。终于在这个双喜临门的年头，我缓缓地停下急促的步履，放松曾被各种案件占据的大脑、四肢和身心，又一次认真回望，感受熙攘的操场上拂过的海风、浮山校区B区备战考研的星夜，回味青大一路的崂山扎啤和海鲜烧烤，和朋友一起夜聊着走过的路，感叹自己的四年似乎完成了很多事，但也忽视了许多珍贵的、离开浮山脚下后便不会再拥有的东西。虽然

*杨荣君，中国海洋大学2000级法语专业本科，浙江大学硕士；现为浙江大初律师事务所创始合伙人。

惋惜,但也有许多庆幸。庆幸自己在最美的时光遇到了最好的李老师,这是我的肺腑之言,是我海大四年的亲身体会。记忆中的李老师每次见面都是精神饱满,穿着合身的西装,笔挺的鼻梁上戴着一副金丝眼镜,给人的印象从来都是那么的精气神十足,让人由衷地感受到“腹有诗书气自华”的不凡!与李老师相处,你不会有那种“泾渭分明”的师生藩篱;你不会感到那种居高临下、被俯视的忐忑,甚至是畏惧;你不会有那种忙于“觥筹交错”,只唯上、只唯书、不唯实的感觉!有的是兢兢业业、严谨求实和行胜于言。

能成为海大法语系第一届学生,我常常觉得自己好幸运,人生短短几十载,能考上一所好的大学就实属不易了,而我却在人生最美好的年华、在最美大学之一的海大遇到了李老师,并成为他的弟子,这是何等妙不可言的因缘际会!话听起来有些俗不可耐,有些许肉麻,甚至会被认为是“假、大、空”,在此,我想说的是:这于我而言确实是真心话、是真情流露!

记得大一时因为自己一味地死读书,导致专业课成绩不甚理想,心里渐渐有了巨大的阴影,背上犹如背负着一块巨石,导致我很长一段时间不愿意上专业课,特别怕上专业课,一度萌生了跨学院转专业的想法,甚至是退学“从头再来”的念头。远在千里之外的父母深夜急忙赶到舅舅家给我轮番打电话,不停地安慰我,生怕我一时想不开。在这人生的重要关口,我当时真的是无奈又无助,于是就想着通过网络来麻痹自己,日复一日,除了应付差事般的上课点卯外,浮山校区出正门右拐的两家小网吧简直就是我人生的“寄托和支柱”。常言道,世上没有不透风的墙!李老师最终从同班同学那里了解到我的一些近况,在一次下午放学后,他把我单独喊到了他的办公室,亲自把办公室的门给关上,让我心里不要有什么负担,坐下来一起聊聊天,不拘于学习,也不谈论对错。只要我愿意和他分享我的快乐与哀愁,他真的非常乐意倾听,俗话说得好,众人拾柴火焰高,说不定他还可以帮我弄清缘由并且找出解决的办法。如果我不愿意说,他也不会勉强,更不会对我进行“放养”!只是淡然地告诉我:凡事认定目标并全力以赴之后就好,永远不要活在别人给你设定的人设下,你只要拼尽全力且努力过便没什么可遗憾的,你的父母也只会更加爱你!说实话,我当时真的泪目了,感情的防线刹那间“决堤”啦!因为我真的没有料到李老师为了照顾我的感受而在办公室单独找我谈心,没有那些官话、客套话,也没有嫌弃我这个班里年龄最大的瓜娃子(西北方言),这真的是和我想象中的老师,尤其是大学教授颇有差异,不是那种棍棒式的,也不是那种照本宣科式的,更没有冷嘲热讽。

四年大学生涯，我学到的、得到的不光是课本知识，更是为人的道理。

纸短情长，师恩难忘！一日为师，终身为父。感谢此生有幸遇到了李老师并成为他的学生！年岁愈长，便愈发庆幸自己跟对了人，少走了不少的弯路。感念李老师并未因我天资平庸而戴着有色眼镜看待我，更不曾放弃我；感动于李老师在我迷惘无助、惊慌失措之时并没有袖手旁观，而是弯下腰用心体会我的不安和焦躁、倾听我的自怨自艾；感叹于李老师并没有居高临下、夸夸其谈地给我灌输各种大道理，而是设身处地地为我着想，用最朴实无华的日常语言和我平等、耐心、细致地沟通；感恩于李老师自我入学至今一直关心着我、鼓励着我、帮助着我，无论我身处何地；感怀于李老师的平淡、真挚、永续的关爱，在我无数次想要退却的时刻，给予我敢于尝试的勇气和不达目的誓不休的坚毅；感佩于李老师的"老骥伏枥，志在千里，烈士暮年，壮心不已"，向吾等后辈传达了人应当始终如一地保持对理想、对真理永不停歇的追求和永葆初心、积极进取、勇于担当使命之精神，永远乐观奋发，自强不息。

在55年的执教生涯中，李老师始终坚信且秉持"行胜于言"的教学理念，通过不断的探索、总结，将教书和育人有机地结合并统一起来，使二者相得益彰。

李老师有君子风范，从事法语教学、研究55年来，心无旁骛、潜心耕耘，一直勠力于我国新时代法国语言文化的学习、研究、交流和传播。无论是作为一位长者，还是作为一名学者，李老师都是吾辈楷模，他给我们树立了一个质朴、率真、坚毅、卓绝的典范。先生之风如"高山仰止，景行行止，虽不能至，心向往之"！

前路漫漫，道阻且长，唯愿紧跟李老师这位标准的"八零后"的步伐，不断成长，不断进步。

细嗅蔷薇的"猛虎"老师

韩璐*

首先，称李志清老师为"猛虎"，是因为他时时刻刻都充满了活力，又是我们心目中法语系最有王者风范的"定海神针"。就是这样一位英姿飒爽的老师，又有着特别细腻、感性的一面，以独特的人格魅力感染着我们。

大一的第一节法语课，一位儒雅的男老师神采奕奕地大步走进教室，这就是我们的李老师。彼时的他，应该还不到六十岁，身体硬朗、目光如炬，开口的瞬间，声如洪钟、抑扬顿挫，那时从未接触过法语的我认为法语可能像是浪漫的小清新民谣，而李老师带给我们的法语却更像美声歌剧，更增加了一层庄重和高贵，让我们领略到了法语的另一种独特之美。令人印象深刻的还有他那一对寿眉，我曾心中暗想，李老师将来肯定会长寿，果不其然，现在李老师已近耄耋之年，却依然神采奕奕，讲话铿锵。

李老师留给我们的那些美妙的课堂、忙碌的身影、暖暖的微笑，应该都深深地刻在每位法语系同学的心里，而我对李老师还有着另一份独特的愧疚和感恩。我的男友是我的高中同学，共同在青岛上大学的地缘优势让我们有了更多的时间谈情说爱，恋爱中的年轻人常常会被粉红色的泡泡冲昏头脑，我也不例外。自我感觉良好的我并没有意识到学习上的松懈和逐渐产生的差距，幸运的是，李老师及时地给我敲响了警钟，让我在高年级的最后时间奋起直追，顺利考取了首都师范大学法语语言文学专业的研究生。最初老师提醒时虽然意识到了老师的鞭策，但还没有完全理解到老师的良苦用心，甚至还曾抱怨老师不理解年轻人的心情，但越长大越能体会到老师曾经的提醒是一种多么负责和大爱的表现，我应该一生感恩。

---

*韩璐，中国海洋大学2001级法语专业本科，首都师范大学硕士，法国阿尔萨斯大学博士在读，现任滨州学院法语专业负责人。

大学四年美好而短暂，毕业典礼那天，李老师作为系主任给我们做了毕业演讲，依然身姿挺拔，依然神采奕奕，依然王者风范。本以为毕业演讲可能是一种冠冕堂皇的过场，对毕业生送上前程似锦的祝福。然而我们的李老师送给了我们一份别样的温情和感动。印象最深刻的是李老师说自己小时候的理想是当一名动物园的饲养员，觉得很幸福快乐，阴差阳错后来当上了大学老师，也同样是一份让人幸福和快乐的职业，他说无论什么职业都是伟大的，希望我们能找到自己热爱的事业，并从中得到快乐。说到未来，李老师希望我们能够遇到相爱的人，组建起属于自己的小家庭。说这些的时候，李老师真的就像一位慈父，娓娓道来，谆谆叮咛，我猜大家的心里都暖暖的，我的这份温暖透过我的眼睛不住地往外涌，我在想我们这些学生在某种意义上来说，不也是老师饲养的一群小动物吗？老师用知识和大爱滋养了我们，让我们获得心灵上的成长，多年之后同样走上讲台的我才更加体会到，这也是我们作为老师快乐的源泉。

毕业后的日子，也一直没有断了联系。一日为师，终身为父，这种感觉一直伴随着我，感觉从未走远。同样身为高校法语教师，因此很多的会议和活动也还有机会遇到李老师，但是因为我所在的高校是一所普通高校，所以也一直不太好意思邀请李老师来做指导或者讲座。但是机缘巧合，2018年4月，李老师因学校中法合作交流事宜来我们学校，那时老师已经七十多岁了，能借机见一见、叙一叙就已是很好，没想到老师竟然愿意给法语专业的学生做一场法国文学方面的讲座。一个多小时的讲座，礼堂里座无虚席，高潮迭起，能够聆听到大师级老师的讲座，同学们也是激动不已。跟随着李老师的指引，学生们在法国文学的海洋里畅游了一番，讲座结束后同学们自发的鼓掌久久不息。真的感谢李老师对后辈学生的提携，也感谢他对不同层次学生无差别的对待，更敬佩老师“活到老，学到老”的毅力和对教育事业的无限热爱。

撰写这篇小文时正值教师节。母校中国海洋大学的公众号上的推文是隆重庆祝2022年教师节表彰大会的内容，我打开报道，看到受表彰的教师上台领奖的第一张图片上便出现了那个熟悉的身影。是的，是我们的李老师，那个细嗅蔷薇的“猛虎”老师，依然威风凛凛，依然笑容可掬。

李志清老师(左三)2022年参加中国海洋大学教师节表彰大会颁奖仪式

小时候觉得那首《长大后,我就成了你》特别好听,今日再听,更为动容,“长大后,我就成了你,才知道那间教室,放飞的是希望,守巢的总是你。长大后,我就成了你,才知道那块黑板,写下的是真理,擦去的是功利”。同样作为一名教师,我虽然可能一生无法达到老师的高度,但李老师永远是那一盏海上的明灯,指引着我前进的方向,时刻告诉自己要不忘初心、砥砺前行。

“老李”

——终生难忘的李志清教授

李嵩*

2000年，那一年高考我第一志愿填的上海外国语大学，第二志愿填的是青岛海洋大学(现已更名为中国海洋大学，简称“海大”)。我之所以第二志愿选择青岛海洋大学，就是当时该校在上海有一个“法语”名额，于是我就这么被“海大”录取了，也就这样走上了这条“法语路”。那年9月，军训期间第一次见到了浓眉的“老李”教授，第一次听到了“李志清”这个名字。

到了青岛之后，我才知道我们是该校法语系第一届学生，也就一个班，22个学生。既来之，则安之，我也没多想什么。“老李”第一次和我们见面时就给我们吃了一颗定心丸。我这才知道李志清老师是时任山东大学法语系的教授，他也是专门来到海大开办法语系的，但当时因为相关手续问题，“老李”那时候其实还没有真正“到位”。不管怎样，我记得特别清楚的是，他说自己一定会竭尽全力打响海大法语系的第一炮，让我们这一届学生的法语能力得到全国各大高校的认可。

开办一个系不容易，要招募到优秀的老师更困难，师资问题也不可能一时半会儿就能解决。但老李还是想尽办法给我们找来了一位中国老师和一名外教，就这样我们一个班跟着两位老师开始了法语学习之路。现在回想起来，两位老师周一至周四每天上午4个小时法语课(每个老师2小时)，这样一种教学模式在当时的全国范围内来说都是非常罕见的，因为一般全国高校法语系低年级不可能会安排如此多的外教课。然而就是在这样的模式下，我的法语进步非

*李嵩，中国海洋大学2000级法语系本科，曾受聘为央视法语频道主持人；现为法语界著名主持人和翻译，法语脱口秀达人。曾担任多位法国名人及法国领导人的陪同翻译。

常明显，因为我一直觉得一开始就跟外教学能够很好地掌握语感，当然这也仅代表我的个人观点。虽说是后话，我必须承认老李如此的安排让我受益匪浅。我的法语得到大家的认可，一部分原因也是这个初学时的"头"开得比较好。

到了2001年大二上半学期，老李又给我们多安排了一名外教，课程也更丰富了。海大法语系也多了一个班。这一年，老李也基本"到位"了，我也开始理解并接触到了老李的一些思路。让我惊讶的是，老李是一个非常具有眼光和布局的"企业家"。他说自己要把这个法语系当一个企业来运作，要有优秀的团队、良好的管理，要打好扎实的基础，让这个法语系能够在全国范围内立足，就必须要有更长远的打算，这如同一个企业的持续发展一样，而且还要根据不同学生的能力和特点来为他们想想毕业后的"出路"。现在看来，我们那个班当时绝对属于创业阶段，得到了很多尝试，20多年过去了，海大法语系也如同"老李"的计划一样持续地发展着，大部分的教师都是海大法语系第一届和第二届毕业的学生，这又悄悄印证了他当时的"企业化"思路，逐步建立起了优秀的团队。

2002年3月左右，我记得和老李有过一次面谈，他觉得我和班里另一个女生可以在9月时去法国留学半年或一年，他认为我们的性格和语言能力都比较适合在大三时出去涨见识。我当然特别高兴，因为我知道自己并不是班里学习成绩最出色的。借鉴其他学校法语系的惯例，那时候一般会选拔1～2名学生去国外交换半年左右，当然往往是成绩最为出色的学生。老李的不同之处是他认定了我们两人的性格更适合去法国，现在的事实也证明他的判断绝对是非常准确的。那位女同学大学毕业后就一直扎根在法国，成家立业，事业有成。我当然一直活跃在中法两国之间，我们应该算是班里目前最了解法国的两个人。

2002年的9月，我第一次前往法国留学。原本预计就两个人前往法国留学，然而老李在当年5月成功和法国布雷斯特市西布列塔尼大学谈妥了交流计划，他为了能够让我们第一届学生的法语有大幅度的提高，允许我们班所有愿意去法国留学的同学都可以报名。换句话说，只要家庭条件允许，自己愿意去就能去。这在当时全国法语系中应该说是非常有魄力，也是非常罕见的。最后我们班一行10人到达法国，随后在布雷斯特市生活学习了一年。这里我又不得不感激老李，因为这一年在法国让我真的大开眼界，虽然我没有好好"上学"，但我在法国走遍了无数地方，接触到了各式各样的法国人，学到了书本上学不到的法国文化，这一切都为我日后的法语应用能力起到了铺垫作用。

2003年9月，我们10人回到海大继续大四的学业，经过一年的磨炼，大家的法语口语能力得到了很大的提高。大四上半学期，也是我听老李上课最多的一段时间。那时候他给我们上法国文学，每一次讲课都特别有激情，课程的内容我基本也记不起来了，但让我印象最深的是他说自己要像莫里哀一样，因为莫里哀是倒在舞台上的，自己则会一直讲（教）下去，直到倒在讲台上。老李对工作的这份热情真的让我敬佩。最近一次见到老李是在2021年的12月，他来到上海某高校给学生做讲座，近80岁的教授还在不断发挥着自己的余热，不得不承认他自始至终按照当年所说一样，要是倒下，也要倒在讲台上。

2003年末到2004年大学毕业前，老李鼓励和委派我参加了许多比赛，我拿了不少奖，也获得了不少荣誉，包括全国高校法语演讲比赛二等奖，以及法国大使馆主办的法语歌曲大赛特等奖（同年被送往法国阿维尼翁艺术节参加话剧培训）。那一年的收获都离不开最初打下的基础。老李从未跟我说过要留我在学校继续培养和深造，因为他知道那不太适合我，他留下了好几位班里的尖子生，因为她们的性格更适合在教学岗位，如今她们都已经是海大法语系的骨干力量。老李为每一位有需要的学生都会提出毕业后的就业建议，可能知道我性格比较外向，他也从来没有特别嘱咐过什么，因为我知道他还是非常相信我的。

2004年大学毕业后，我再次前往法国留学，2008年回国后，我先在央视法语频道当过主持人，之后又回到上海开始从事不同的职业，包括主持人、翻译、版权代理人、艺术画廊总监、法语脱口秀表演家等，但这一切都和法国以及法语相关。时不时，我和老李会碰个面，叙叙旧，聊聊中法文化，聊聊文化输出等话题。虽然我们差了近40岁，但我始终没觉得有任何代沟。我今时今日的成就有很大一部分归功于“老李”布下的“局”，虽然这个局不是特别为我所布，但我是收益最大的人之一。

借此机会，在老李即将庆祝80大寿之际，我想说一句：“李志清老师，辛苦了！”

桃李之情，一世典范

张秋生*

攻读硕士学位期间，每每与人聊起自己的研究生导师李志清老师，自己的同学、朋友无不投来异样的羡慕眼光，在他们眼中，能遇到如此一位良师、学术大咖，该是一件多么幸运、多么美好的事情。李老师对学生的教育，并不局限于学术方面，更多的是为人处世，他以"学为人师，行为世范"的道德准则严格要求自己，立德修身，潜心治学，开拓创新，真正把为学、为事、为人统一起来，成为学生成长道路上的引路人。在我眼中，李老师不仅是一位学术导师，带领我做研究，顺利完成学业，更是一位人生导师，总能在我迷惑不解时一语中的，引领我走出困境。

初识李老师

2015年9月，一场题为"巴黎文学漫步"的学术讲座在河南师范大学举行，作为本科生，我有幸参与并聆听了此次讲座。李老师的讲授风格亲切自然，幽默风趣，他古今博引，逻辑清晰地将深奥的专业知识通俗地呈现给师生，聆听讲座的人无不被他的讲座内容深深吸引，我也不例外。于是，讲座结束后，出于对李老师的好奇，便试着去搜索李老师的个人简介，才得知李老师深谙法国文学，是一位真正的"学术大咖"，当时便心想如果能遇到这样一位良师，该是多么幸运啊！

后来，李老师作为我校的特聘教授，时常来我校为师生举行讲座，为我们答

---

*张秋生，河南师范大学2021届硕士，导师为李志清教授；现任教于河南师范大学国际教育学院。

疑解惑，每每此时，报告厅总是座无虚席，而我也从起初单纯的讲座的听众，逐渐变成后来讲座结束时的提问者。

再识李老师

2017年9月，有幸在法语系办公室做助理，帮助老师处理一下日常事务。一次偶然的机会，学校负责接待的老师由于特殊情况无法按照预期去接李老师来我校讲学，于是这个"重担"便落在了我的肩上。出发之前，心里异常忐忑，一方面担心会因自己接待不周而怠慢李老师，另一方面又担心李老师这样的"大腕"会"看不上"我这样一个学生，而不愿意同我沟通交流。

事实证明这都是我自己的臆想，第一次让李老师知道我的名字，便是在这次接机途中。返程时，我试图向李老师请教一些文学上的问题，李老师耐心、细致、认真地回答了我的问题，并鼓励我继续攻读硕士学位；接着，李老师又跟我聊起他的一些人生经历，告诫我要敢承担、多吃苦。自此，我才得知李老师在日常生活中是多么平易近人，同学生亦师亦友，在课堂内外都倾注着无限的爱与责任。再后来，我与李老师的交集也越来越多，深深地被李老师的人格魅力折服。

"阴差阳错"的师生缘

经过与李老师一段时间的交流，我希望继续攻读硕士学位的想法越来越强烈，于是，毅然决定考研。起初报名时选择了一所专业外国语院校，后来综合考虑，结合自身实际情况，选定了河南师范大学。经过一年的努力，顺利通过研究生招生考试的笔试、面试，成为一名准研究生。

2018年9月，李志清老师依旧作为特聘教授来我校讲学，只是这一次，又多了一个身份——我的研究生导师。梦想成真，终于成了李老师的一名学生。在李老师的带领下，开始钻研学术，认真研读专业课程，阅读外文文献，与导师探讨学术问题，逐步明确适合自己的研究方向、研究思路和论文选题。李老师在其中起着至关重要的作用。

"一位不想带的研究生"

时间转眼来到2021年硕士毕业答辩那天。记得清清楚楚，当时李老师形容我是一位十分内向、能力一般、没有其他特殊技能加持的学生，是一位起初“不想带的研究生”。在李老师眼中，与其他研究生同学相比，我没有出众的能力，综合素质又一般，可能不足以支撑我“完成学业”。这是在我答辩那天才得知的，起初我并不知道李老师对我有如此大的“偏见”，好在我并没有辜负李老师的谆谆教诲和辛勤指导，顺利完成了学业，我用实际行动证明了我是一名合格的学生。

李老师的授课思路清晰，重难点突出，循循善诱，充分发挥学生的主动性。每次遇到学术问题，他总是能用言简意赅的语言阐明道理，剖析事物本质，解答我的疑惑。如果依旧有疑问，李老师总是会不厌其烦地重复，直至我们完全理解为止。

严谨的治学态度

在真正成为李老师的学生一段时间之后，李老师也发现我并不是一个“一无是处”的学生，也有自己的闪光点。慢慢地，李老师在准备新的学术讲座时也会寻求我微弱的帮助。每次李老师的讲座总是引经论据，偶尔有找不到出处的论据便会让我帮忙。关于这点，李老师有一句著名的话，“虽然是我开讲座，但讲座内容没有一句是我说的话”。看似前后矛盾的一个问题，实则背后体现了李老师对学术、对科学的严谨和实事求是。听过李老师讲座的师生对此深有领悟，无论哪一场讲座，内容总是援引经典，用一个学术观点去论证另一个观点，层层相扣，逻辑缜密，无不令人佩服。

敬业乐业的工作态度

在得到李老师逐步的认可之后，有幸参与了李老师的项目，真正体会到李老师对待工作的态度。在我们共同参与的一个项目中，李老师严把质量关，整个团队对同一个内容讨论不下数十次，其中不乏矛盾与争论，但李老师总是用严肃认真的口吻教导我们对待学术必须要有严谨的态度，切不可马马虎虎，糊弄了事。犹记得李老师最忙的时候，手头有好几部教材同时在编写或审阅，又有几个研究生要带，其中不乏还需参加一些高校的博士毕业生答辩。起初听到李老师谈到这些时，只觉得不可思议，认为这不应该是一位古稀老人该做的事，但李老师用实际行动证明了什么叫爱岗敬业。

李老师常说，“Il faut cultiver notre jardin… je voudrais mourir en donnant le cours comme Molière mort sur la scène.”（耕耘好自己的菜园子……我希望我像莫里哀倒在舞台上那样在教学中离世。）对李老师的为人不甚了解的人会觉得不可思议，而我现在每每回想起这句话，都会热泪盈眶。李老师把教育当成一种事业，不惜倾尽毕生精力和心血，从《新大学法语》的出版、校订和再版上可以得到充分体现，他总是根据时代的需要对教材内容进行修订，为师生提供一本更加科学严谨的教材。

“爷孙”般的师生情

谈到和李老师之间的关系，我更习惯把这样一位前辈称为“爷爷”。称呼李老师为“爷爷”，绝非不尊重李老师，而是首先从年龄上来看，他确实是“爷爷”那一代的人。其次，最主要是因为李老师对待学生不单单是师生之间的关心，更多的是对学生整个学习生涯乃至人生规划的关心。日常生活中，李老师会跟学生聊起家常，谈及家庭情况。2020年，我去法国留学之前，李老师就跟我说如果家里条件一般，留学费用不太充足的话，可以告诉他，他会帮忙解决。看似一件再细小不过的事，实则体现出李老师的为人，对学生有一种“隔代爱”，像对待自己的孩子一样对待自己的学生。

闪闪发光的“人生导师”

比起研究生导师这个称呼，我更愿意称呼李老师为我的“人生导师”。在做李老师学生的这些年，李老师真正做到了学为人师，行为世范。他始终坚持高标准严要求，牢记自己的初心使命，把满腔热忱无悔地奉献给教育事业。正是他对教育的这种热情，感染了无数人，也深深打动了我。

犹记得毕业时，面临就业和继续攻读学业的重大人生问题，李老师耐心细致地从不同方面帮助我分析利弊，理清头绪，给予我耐心的指导和帮助，从而使我能够从容应对。这只是许多事例中的一个。平时，但凡遇事不决，第一个想到的便是李老师，因为李老师说过“如果你有什么问题，可以随时跟我沟通联系”。或许是李老师这动荡坎坷、丰富的人生经历使得他在面对我们这些晚辈提出的问题时，能够更加从容，总是能从自己的阅历当中，找出合适的例子告诫我们当下应该如何选择。

在我眼中，李老师的身影是那么平凡，又是那么伟大，他完美诠释了教师“传道授业解惑”的角色，用自己的实际行动给我们年轻人深深地上了一课。李老师对待教育的热忱和为人处世的方式无时无刻不在影响着我，也使得我的世界观、人生观、价值观得以完善。

谆谆如父语，殷殷似友亲
——记恩师李志清教授

唐小璐*

2011年我通过中国海洋大学提前批自主招生进入法语专业学习，四年期间有幸听过李志清教授的两次讲座，在青岛法语联盟见证过李志清教授被授予法国金棕榈统帅勋章，但是当时对李教授的认识只是“法语业界一位重量级人物”这样笼统的概括，用我们“90后”的话来说是“膜拜业界大神”，既然是“膜拜”，那必然是有点距离感的，也无法对李教授产生更立体、更深层的认识。真正与李教授结缘并有幸聆听其教导，是2015年我继续在海大读研之后的事了。

研一大大弥补了我本科四年未能听李教授讲专业课的遗憾，也是我真正对李教授的教学风格与敬业精神开始有深刻体会的一年。

我记得李教授给我们开了“法国文学研究方法与实践”和“跨文化研究”两门课程，每节课的上课时间都是3个小时以上，从中世纪讲到20世纪，课件图文并茂，内容深刻翔实，李教授讲课声音洪亮，富有幽默感和激情，和我们班8个同学互动也很多。其实我自认为是一个注意力集中时间较短的人，45分钟的常规课我可能中间会开点小差，但是李教授的课对我来说大不一样，每次上课我都有意犹未尽之感，有时甚至觉得时间过得太快。究其原因，我想有两点：首先，李教授上课并不是长篇大论，自顾自地说理论，而是由浅入深地引导式教学，并且与学生有频繁且有效的互动，让我们保持思维的活跃；其次，李教授的法语发音标准，声音洪亮，富有节奏感，让我们不自主地跟着他的思维走［这里不得不提一下，李教授课堂上朗诵的《乌鸦和狐狸》(*Le corbeau et le renard*)曾

*唐小璐，中国海洋大学2011级法语系本科，2018届硕士研究生，曾在河南师范大学任教，现在法国昂热大学比较文学专业攻读政法博士。

被我们班男生疯狂模仿]。同时,他也要求我们说话要清楚,表达要有逻辑,这对我日后从教影响颇深。记得有一次他告诉我们:"你们未来如果当老师,一定要锤炼自己的语言,不要说话没有逻辑,总是带一些没用的口头禅。"这话一针见血,因为我听过太多人讲话东拼西凑,没有重点,又总是加上诸如"然后""就是"之类的口头禅,实在让人提不起兴趣,以此自省,我便刻意避免讲话时出现这样的情况。

李教授不仅讲课吸引人,他的人格魅力也让我们非常敬佩。李教授教我们这一级研究生的时候已经年过七十,可是提起他的精力充沛,我们几个学生无不佩服得五体投地。早晨七点半左右,我们结伴去外语楼上课,老远就望见他的车已经停在了楼前,进了教室,李教授的神采奕奕和我们几个因为早起而懵懵然的状态形成了鲜明的对比。李教授一讲起课来好像有用不完的能量,中气十足,站着讲两三个小时不用休息,甚至不用喝水。我常常想,这是对教学怎样的一种热情才能做到呢?越是如此,越觉得能听李教授的一堂课是多么奢侈的一件事,也是多么幸福的一件事,而我更加幸运,整整听了一年,参加工作之后,又有幸听了好几场李教授的讲座,每次听,都让我对教师这个行业有更多的执着与坚定,可以说,李教授是我职业道路上的引路人。

海大研究生毕业时与李志清教授(左二)合照

李教授还有一点对我影响深远,那便是他永远保持年轻的心态和持续学习的精神。记得李老师上课的时候提到他年轻的时候最爱读书和足球,现在也是坚持大量的阅读,一周能读完一本法语书。入职河南师范大学后,因为李教授是该校的特聘教授,我与他仍然保持联系,他每次去学校,我都会找机会与他交流最近的教学、科研情况。有一次我提到了最近在看一个法国汉学家写的书,他饶有兴趣地问我具体名字和出版社,我本以为他只是随便一问,结果回去之后他说已经从网上购买了此书,等下一次我们见面时,他就能对这本书做出评价和剖析。很多时候,我通过李教授的学习精神来反思自己,是不是互联网、智能手机等各种诱惑和快节奏的生活导致自己失去了学习的耐心和毅力?是不是自己的懒惰导致学习的计划一拖再拖?等我到了李教授这个年纪,我是不是能像他这样,继续保持一颗求知向上的心,永远对新知识保持热情?

李教授在年龄上是我的祖父辈,但是与他沟通起来却丝毫不觉得有代际感。我很早之前误以为,像李教授这样的大咖,会不会不屑于和我们这些“小孩”聊天呢?我们的想法在他眼里会不会特别幼稚和另类?但事实上,李教授对我们这些年轻学生非常包容,而且他也非常理解我们与这个时代的一些矛盾和困惑,他总是毫无保留地给年轻人一些中肯的建议,并且会积极地帮助我们解决学习、工作上的困难。读研的时候,有一天中午我因为课堂上有个问题没弄懂,就急于去李教授办公室请教,敲门之后听见“请进”,我推开门发现李教授其实正准备在小沙发上午休片刻,这才觉得自己有些莽撞,占用了老师宝贵的午休时间,正当我想道歉离开时,李教授反而非常热情地让我说一下问题,随后耐心地为我解答,没有丝毫不悦,问题解答完了,他还和颜悦色地让我有问题随时去找他。后来我发现他绝不是在说客套话,当我们有问题请教他的时候,他都是非常乐于为我们解惑答疑,并且毫不吝惜自己的时间,谈得高兴了,还能聊上许久。这一点看似平常,实际上能做到的老师寥寥无几,这也是我从教之后的深刻体会,永远对学生保持热情和真诚的关怀,是一名教师最宝贵的品质,但也往往很难数十年如一日地去做到这一点。

通过与李教授的多次促膝长谈以及他平日里对我们的谆谆教诲,我从他身上学习到的还远不只与教学有关的精神品质,还有对生活的态度。纵观李教授的经历,不乏坎坷与艰难:经历社会变革、做过机械工人、去过非洲战乱之地、创建山大和海大法语系等。但是他谈起这些,总是用轻松幽默的口吻,他的乐观与坚持是他在逆境中开辟道路的法宝。我想,我们这一代年轻人,也必须有这样的精神应对新时代的挑战。

以上这些体会远不能写尽我对李教授的敬佩和爱戴，他的为人处世，他的从业经历，他的精神品质，我的拙笔写不出十分之一。但是作为李教授的学生，我未来愿意像他一样继续在教师岗位上踏踏实实地教书育人，以他的品行和精神作为我的从业标杆。在李老师八十岁生日之际，我祝愿他永远健康、平安、幸福！

人师难遇，感谢恩师！

卢悦*

初识李志清老师是在1999年，那时我刚到达法国，在昂热大学(Université d'Angers)语言预科班学习，李老师是学校的客座教授，时不时与他在校园里擦肩而过。在国内就听闻他的大名，也在不少法语教材上见到过他的名字，如今"传奇人物"近在咫尺，难免觉得不可思议，始终怯怯地不敢与他多语。那个时候，学校经常会组织一些活动，我们这些留法学生因为年龄小，语言水平也一般，就总喜欢缠着中国老师问东问西的。每每这个时候，李老师总是很亲切地和我们交谈，耐心地解答我们的问题，一直都是知无不言，没有丝毫的架子，给了我们很多学习和生活上的建议，渐渐地也就和他熟络了起来。印象最深的一次是李老师代表中方参加昂热市政府组织的辩论会，昂热及周边城市几乎所有的华人都来了，一是学习，二是给同胞壮声势。辩论会持续了好几个小时，面对对方咄咄逼人的态度和提的刁钻问题，李老师丝毫不慌，有理有据，妙语连珠。虽然那时候我们听不太懂，但总有好心的华裔帮我们翻译，单从在场法国人的表情也不难看出来，这场声势浩大的辩论中我方是占了上风的。对于年仅17岁的我而言，第一次目睹了学者之风范，态度之儒雅，水平之高深，让我深刻体会到了学好法语的责任感，切身感受到了祖国的繁荣富强对我们这些海外莘莘学子的重要性。

2000年，我们搬到昂热大学新校区进入本科阶段的学习，李老师负责"法国文化遗产"(Patrimoine culturel en France)这门课程的授课工作，主讲法国建筑。他个人从少年时期便钟情于维克多·雨果的文学作品，选取了巴黎圣母院作为主题之一，精心准备了大量的原文资料和自拍图，在讲解深奥建筑词汇时贴心地以

---

*卢悦，郑州航空工业管理学院法语系主任，郑州法语联盟中方校长。

配图为引，锻炼我们的观察和思考能力，教授我们逻辑总结的方法。记得有一节课是关于圣母院的玫瑰花窗："阳光从玫瑰窗透射进来，把沉静的教堂渲染得五彩缤纷、炫彩夺目。"在老师的启发下，我们很自然地就将中法文中关于景色描写的意境和用词联系在了一起，翻译水平得到了进一步的提高。别看老师是中国老师，和蔼可亲，可对我们的学习要求却非常严格，全程法语授课不说，还给我们开了一堆书单，要求我们对当天所学所思及时总结，做到能用自己的句子复述材料。那段时间，每周上课前我都会花大量的时间去查单词、磨句子、啃材料，词汇量的日积月累也让我在期末考试里尝到了甜头，各门成绩平均在15分左右，最高成绩18分（法国实行20分制）。最重要的是，通过这样系统学习方法的训练，我对阅读原文和查找资料越来越得心应手，为整个大学期间的学习打下了良好的基础，也渐渐地敢与法国同学、老师们谈论一些"高大上"的话题了，更加坚定了我要学好法语的信心。整个学期，大家对李老师的这门课津津乐道，以至于当年的圣诞节还一起组团参观了巴黎圣母院。我在法国居住、工作近10年，其间多次流连于老师课堂中所描述的法国"古堡""古文化""古遗产"，在理论与实践中陶冶了情操，提升了个人的艺术欣赏能力。

2009年我毕业回国，在郑州航空工业管理学院（以下简称"航院"）外国语学院工作，参与学校法语专业的筹建工作，被任命为法语系系主任。2011年，在长沙的全国法语专业年会上，有幸得知李老师在中国海洋大学任职，特别兴奋地和他打电话拉呱叙旧，汇报自己的近况。老师非常欣慰我也成了一名高校法语教师，又一次把我领进了"职业的大门"，耐心解答我作为新手教师在教学上的困惑，为我这位管理新手出谋划策，也给我们的年轻教师提供很多参与专业会议和教学比赛的机会。李老师时不时地来校给法语专业师生做讲座，他的讲座场场爆满，也吸引了很多英语师生慕名而来，都渴望能一睹名人风采，沾染些学术风骨。不论讲座多晚结束，老师总是会认真回答师生们提出的每一个问题。有几次，因为超过了大学最后一节课的下课时间，投影、麦克风等教学设备都自动关机了，老师就干脆走到学生们中间，继续以洪亮的声音把准备的内容讲完，在场的每一位师生都深深地被老师这种认真负责的态度打动。在李老师多年的悉心指导和帮助下，我们的教师团队每年参加专业培训、教学研讨会；屡次在讲课比赛中脱颖而出、勇获佳绩；学术水平得到快速提高，积极申报各类课题和项目；法语系师生还多次被河南省政府单位邀请参加高级别小语种会议和志愿者活动，航院法语系很快就在省内积攒了名气，发展步入稳定上升期。

2015年,我们迎来了第一届毕业生,就业口碑在全校名列前茅,很大一部分毕业生顺利入职国企外派,毕业当年薪资超过省内本科生平均水平,法语专业成为学校重点培育学科,入选校级卓越人才计划,获批一本招生资格。作为系主任,紧绷了多年后也总算是松了一口气。但居安思危,作为负责人,我要时刻考虑专业的发展与壮大、老师们的提升和出路,尤其是在航院这所综合类理工院校里,我们的专业在"十二五""十三五"乃至之后的每个五年计划里,发展方向该如何转变?特色和不可替代性又在哪里?思来想去,结合教研室9名老师赴法留学、法语加应用学科复合知识背景,经过多次调研,我萌生了和法国知名语言文化传播机构——法语联盟合作的想法,并第一时间向李老师汇报了这个想法。老师当时是青岛法语联盟的中方校长,也是山东大学申请法盟项目的主要负责人,在这一方面有着丰富的经验和人脉。为了促成这个项目,李老师多次不辞辛苦,陪同法盟驻华代表团来校考察;陪同我校代表赴北京、上海、青岛等地法盟实地调研,为我们与各个法盟团队联络搭桥;多次与学校领导论证法盟项目对于法语专业建设和发展的重要性;亦为我们在河南多所学校申请法盟的竞争中脱颖而出不遗余力。在李老师的帮助下,我们的团队最先向法盟驻华总代表处提交了项目可行性报告和项目实施计划书,完成了使馆考察团的接待和数据采集协助工作,团队能力和努力均得到了法方的认可和赞许,为项目的进一步落地打下了良好的基础。我也被学校任命为法盟的中方负责人,代表学校与法方沟通,进一步完善合作文件,负责使馆及法国高校代表团的来郑接待工作,迅速和中国法语联盟、法国驻华大使馆文化合作教育处建立了联系,为法语专业引进了对外法语教学法(DUFLE)和DELF-DALF考官培训项目,为每一位专业教师提供再"回炉"的进修机会。大家转换了教学思路,扩大了交流范围,为随后的人才培养方案修订和专业教学改革提供了强有力的保障。

2017年,在学校领导和各部门尤其是外国语学院领导的大力支持下,在各方多年坚持不懈的努力下,法国驻华大使馆代表团来郑宣布郑州法语联盟(以下简称"法盟")中外合作办学机构落户我校,省政府领导陪同来校。一时间此突破性进展被各大媒体争先报道,也成为改革开放40周年我校建校70周年十大新闻之一。但是,官宣会议当天发生的一件"意外"却鲜有人知,也让我至今难忘。当时,青岛法盟中方和法方校长工作理念产生分歧,再加上运营困难重重,法方最高代表将此全部迁怒于李老师,在会议将要开始时突然要求我方调整出席人员名单,一再要求取消李老师的出席,否则就取消来校行程。要知道,郑州法语联盟与李老师的全心投入密不可分，我们为此次会议做了大量的准备工作，一切到位，只等贵宾入座，原本胸有成竹，却被这无端要求束住了手脚，一时间不知道该如何是好？第一，因为涉及省政府单位领导出席，所有议程我们已早早提交中法各方，均未提出异议，这样毫无征兆的人为变更缺乏专业性。第二，离会议开始只剩不到20分钟，因为人员调整，我们需要对内容进行更换，措手不及。第三，也是最重要的一点，于公，李老师是国家二级教授，中国首位获得法国政府颁发的金棕榈统帅勋章的法语界领军人物，我们如此去做便是怠慢了他；于私，老师多年无私支持我、帮助我，我该如何开口？如何要求他离场？老师大概是感觉到了我的局促不安，简单了解了事情的原委后，只是轻轻地拍了拍我的肩膀，语重心长地对我说："不要忘了，你这么多年的努力和付出是为了什么？成败在此一举，要好好加油，发挥出最佳水平！"说完便头也不回地离开了会场。我定在原地，泪水打湿了双眼，此刻老师的心里该是多么难受呀！丢了面子，失了尊严，而他却选择毫无怨言地接受，选择默默地牺牲自己，保全大局！我已经忘了是如何咬紧牙在会议开始前一分钟完成了所有材料和PPT内容的替换，也忘记了是如何临场发挥、应答自如，赢得了中法方领导的赞许。那一刻，我脑海里不断闪现老师多年前在昂热雄辩时的从容和风采。我想，虽然只有我留在了这里，但这一刻我并不是卢悦，我是这么多年为实现这个项目始终不离不弃的每一位师生，每一位同仁们的化身。这一刻，我只能笑，不能哭；只能进，不能退；只能赢，不能输！

2021年6月8日，我们克服了新冠肺炎疫情带来的重重困难，顺利完成揭牌仪式，再次登上各大报刊头版头条。站在演讲台上，我看到了坐在台下的老师，岁月仿佛从来都只是在他的脸上轻描淡写，老师始终还是那般恬静无语。那一刻，多年的泪水一拥而至，我想他一定懂我的喜极而泣，内心也一定如我这般激动、欣慰！

今后，我也许还免不了会遇到各种困难和挑战。因为有了您，有了那么多志同道合的伙伴们，与我一道肩并肩，才走出了这条"本没有的路"，才能见证奇迹的诞生。如今的我也如您般，变得越来越从容和坚定，也会把从您那里所学所得，在我和我的学生们身上传承下去。有一句话，我一直深埋于心，借此契机，我想对您说："李老师，您辛苦了！经师易遇，人师难遇！与您相识是少年，经您陪伴至中年，一切源于您，感恩成就我，恩情万难述！"

鹤发银丝映日月，丹心热血沃新花

——忆李志清老师教我的二三事

吴晓倩*

我与李志清老师的相遇要追溯到21年前了。那天，作为大一新生的我忐忑又新奇地坐在讲台下，对讲台上的李老师充满好奇和敬畏。我依稀记得，他一直强调大学学习的重要性，特别是法语学习之余英语学习一定不能放松。第一眼留下的印象是这位老师可真严厉。谁曾想，眼前这位有着无比浓密的眉毛，一双眼睛不大却炯炯有神的老师会成为我未来生活中一束耀眼的光——当我迷茫时，他是最亮的灯塔；当我深陷低谷时，是他拉住我的手臂；当我取得小小成绩时，是他给我最期盼的掌声。

我现在住得离大学时的校园不远。傍晚时分，时常带着女儿在校园里散步。每次经过当时上课的教学楼，都会指着那间对我来说意义非凡的教室的窗户，给女儿讲当初我是如何打开法语这扇大门，如何从这里开始，在法语的世界中蹒跚学步。记忆的画面里，几乎帧帧都有李老师习惯性的身体前倾，一手插在裤子口袋里讲课的身影。

记得大一刚开始学发音的时候，每天4—6个小时的法语课，2个课时学习，2个课时练习发音，还经常有2个课时的外教课。这在我后来的认知中是非常大强度的课程安排，而我和我的同学们过硬的法语发音就得益于此。后来回顾自己的法语启蒙，特别是发音之路，发现李老师在法语教学界的咖位绝不仅仅是因其自身过硬的法语能力，也不仅仅因为他运用自如的教学技巧，还与他在更高层次上对课程体系的宏观把握能力有关。小小的发音是漫长的语言学习

---

*吴晓倩，中国海洋大学2001级法语系本科，南特大学硕士、博士；现任教于中国海洋大学法语系。

的第一关，口音的问题看似没那么重要，但我在第一关获得的不仅是发音能力，还有推动我可以全力以赴学下去的自信。李老师教给我，一位合格的老师需要多层次、多方位的自我完善，只有变得稳定而强大，才能更好地为学生护航。

我走上教学岗位之后，每每讲到法语发音，我都会跟学生分享李老师在教我发音时做过的比喻。记得大一上学期，刚刚学法语不久，有一次李老师在督促我们练习发音的时候说："发音犹如骑自行车和游泳，需要大量的练习带来的肌肉记忆。当口腔肌肉记忆了每一个法语音素的发音状态，发音就会变成自然而然的事情。"奇妙的是，这一切他都是用法语说的，而刚刚学法语两三个月的我竟然听懂了！我到现在都还记得当时的心情："哇，我学了两个月的法语，竟然这些话都听懂了，我可真棒！"现在，我知道并不是我有多厉害听懂了李老师的这番话，而是李老师厉害，可以根据学生的能力用那么简单的词句准确地表达和传递他想告诉我们的事情。如今走上讲台的我也这样要求自己，好的老师不是向学生展示自己有多厉害，会多少华丽高端的词汇，说出多么复杂拗口的句子，而是能够找到学生能接受的方式，缩小能力差距地去交流和传达信息，放低自己才能托举学生。法语学习的路上，我遇到过很多的挫败，而这些小小的甚至沾沾自喜的"我可真棒"的成就感给了我面对挫败的力量。这个记忆在我的教学生涯中时常蹦出来，提醒我自己，学生不仅需要来自老师的直接的、外界的肯定和赞赏，还需要老师带领学生去自我肯定和自我欣赏，并且后者能带给学习者更长久的自我发展和自我实现的动力。

李老师不但是领我入门的人，还是亲自送我毕业，见证我结束学生身份的人。在满是障碍和困难的博士论文撰写过程中，每次与李老师沟通都能打开思维结界，找到新的视角。李老师从未吝啬于将广博的世界观和独特、缜密的思考方式教给学生。有一次，我请李老师到我租的小屋晚餐，后来他很心疼地跟我爸爸妈妈说我的小屋很小，墙上都发霉了，我很辛苦但也很能吃苦。他总是能看到学生的好。作为博士生导师，李老师是我博士答辩会上的定心丸和定海神针。他缓缓讲述假期过后他在办公室看到我两本厚厚的博士论文的欣喜，欣喜于我的成长和成绩。词语朴素、平淡，但我分明从他的表情里感受到他真的为我高兴。那一刻，紧张消失了，我仿佛回到大一时的课堂，听李老师正在告诉我们"练习发音需要肌肉记忆"。那个从"蹒跚学步"时就是领路人的李老师最终陪伴我顺利地走过博士的最后一关，一路的扶持、引领和陪伴，使我的博士答辩有一种神圣而又完整的仪式感。

吴晓倩博士论文答辩委员会成员（左起）：法国教育部汉语教学总督学、世界汉语教学学会会长白乐桑（Joël Bellassen）、南特大学文学院坎坦（Hervé Quintin）教授、南特大学文学院福叶（Jaqueline Feuillet）教授、吴晓倩、中国海洋大学李志清教授

还有一次，我已经走上工作岗位，在工作中遇到了很大的难题，久久没有走出焦虑和委屈的阴影。李老师得知了消息，给我打电话。我清楚地记得接电话时，我正走在路上，一听到李老师的声音就控制不住大哭起来，好像所有的委屈和压抑都找到了出口。从那时候起，我吃惊地发现，我内心深处已经把李老师当作亲人去信任。

一直享受着李老师的肯定和接纳的我已经不那么惧怕严厉的李老师了。他总是能用简单、朴素的词语说出那么触动人心的句子。他的魅力在于他的好不是他显得自己好，而是他让你觉得你原来那么好。那个被他的光照亮和温暖的自己也可以这么灿烂和耀眼。从学生时代到走上工作岗位，直至越来越热爱生活，李老师对学生的丹心和对教育事业的热血带给我很多生活的底气。这底气犹如沃土，滋养学生开花、结果。

“唱反调”

——忆恩师李志清教授

张国川*

高考之后,我来到中国海洋大学法语系学习。从大一入学开始,同学们就口口相传着关于李志清老师的传说。许多同学之所以报考海大法语系,就是因为李老师。开始上课之后,我们发现,虽然大一没有李老师的课(因为李老师不教初级课程),可我们绝大多数的老师以前都是李老师的学生。

学了三年法语,到了大四时,终于有李老师教的文学课了,大家都兴奋极了。而李老师的上课方式也让我们非常喜欢,他的讲解方式深入浅出,如果遇到我们没学过的词语,他会用词源来解释,这样加深了我们的记忆,也让我们以后遇到同词源的词语时能够举一反三。如果我们犯了错,李老师并不会直接帮我们改正,而是帮我们指出,让我们自己分析并修改。记得有一次我把法国哲学家柏格森(Bergson)名字中的/g/发成了/ʒ/,李老师问我:“g后面有e吗?”我就明白自己的发音错了。

李老师上课时也会给我们讲一些笑话,比如讲到法国人的傲慢,李老师说有个法国人来北京,下出租车时不仅没给司机小费,还对他说:“没戏!”听懂了的同学哈哈大笑,因为这并非法国人没礼貌,恰恰相反,司机听到的“没戏”实际上是法语的“merci”(谢谢)。李老师又说,这个法国人走在路上,人很多,他大喊着要“扒个洞”,继续往前走。这里的“扒个洞”是法语“pardon”(借光)的谐音。这些笑话幽默形象,活跃了课堂,也让我们对法语和法国产生了亲近感。李老师有时也给我们讲他自己学法语时的经历,记得他说很喜欢雨果的《悲惨

*张国川,中国海洋大学2011届本科,2014届硕士,2021年获法国西布列塔尼大学博士学位;现任教于法国东方语言文化学院。

世界》中捡子弹身亡的小男孩加夫罗什(Gavroche),他学生时期所在的球队就取名为Gavroche。这样把自己的成长回忆和学习法语的经历融合在一起,让学习法语在我们眼中变成了一件非常有趣的事。我们常常佩服李老师的法语水平,李老师说,以前被法国人夸法语好很高兴,现在不高兴了。我们不解。他笑着解释,因为现在,法国人不再说他法语好,而直接问他是法国哪里人,如果再被夸法语好,那就说明法语还没到火候。

四年本科学习之后,我留在本校读研究生,有幸选了李老师做指导老师,研究方向为法国文学。研究生期间,李老师使用他主编的教材《20世纪法国文学》为我们讲解法国文学,带着我们一点点了解了达达主义、超现实主义……迄今,我仍对地球蓝得像颗橙子(La terre est bleue comme une orange)这句诗记忆犹新。当时初涉法国文学领域,常常觉得自己有独特的见解,为了引起李老师的注意,有时还用自己的见解和李老师"唱反调",李老师总是笑笑,儒雅随和,为我指出我的观点中站不住脚的地方。

除了教课,李老师也定期为法语系的师生组织文化活动,请法国教授和国内其他大学的教授来做讲座。李老师也常常鼓励我们参加青岛法语联盟组织的活动,更直观地了解法国文化,也让我们有和法国人面对面交谈的机会。

也正是因为李老师建立了海大与法国大学的友好合作关系,我们才得以在研二期间前往法国昂热大学留学,这对于学习了五年法语的我们是多么宝贵的机会啊!在准备签证材料期间,李老师耐心地帮助我们。那是我们第一次来到法国,第一次将课本里学到的知识和真实的法国社会对应起来,有意料之中,当然也有惊讶不已,那一年对我们而言是非常难忘的一年。我们尽情体验了法式生活,也在李老师和法方老师的共同指导下撰写了硕士论文。

研究生毕业已经快十年了,如今的我对李老师依然记忆犹新,记得他来上课时总是拿着一杯普洱茶,也记得他讲课总是娓娓道来。现在的我很喜欢读法国文学作品,我常常想,是李老师为我引路,他是我的第一位法国文学老师,让我对这个领域产生了兴趣,这个兴趣跨越十年,如今愈发浓厚。

忆法语求学二三事

——李志清老师的教书育人

张龄月*

“学为人师,行为世范”

2003年9月,我有幸成为李志清老师在中国海洋大学法语系建系以来的第四届本科生。回想对大学时的李老师的印象,一个身材不算高大但很精神的老头儿总像赶时间一样,步履匆匆,不是去教室就是去办公室。每天最早到学院也最晚离开。那时,李老师每天忙于教学教研、学科建设、教材编著,同时为中法教育交换、中法文化交流、学生社会实践及就业机会呕心沥血。例如,当时在李老师的奔波下创立了中国海洋大学的中法联合培养项目、中法留学交换,促进及参与青岛法语联盟建设,在青岛游艇博览会中提供法语翻译实践等。由于他把大量时间投入工作中,引来了太太的不满,她跟李老师说:“既然你那么喜欢工作,当年为什么不娶个办公桌。”后来,“娶个办公桌”成为我们同窗常常提起的段子。

李老师为学生的考虑总是周到且长远。除了大方向上为我们提供跟法语学习和就业有关的资源外,还在细节上为我们考虑。记得大一时,我们被特意安排了学数学课,得知这个消息后全班就崩溃了,因为选择文科专业和学语言专业的学生通常是为了不学数学或数学太差,于是我们去找李老师求情。李老师的答复是虽然数学与我们的专业貌似没有直接关系,但数学是非常重要而且实用的学科,数学可以锻炼我们的思维能力,有利于思考和解决问题,还打趣说学数学会使人变聪明。那段时间真是被数学课折磨惨了,然而现在看来,良好

*张龄月,中国海洋大学2003级本科,2017年获法国南特高等商学院硕士学位;现任大陆马(广州)进出口有限公司联合创始人。

的思维能力是一个人处理生活问题、解决工作问题的重要本领。人与人的区别从来都是思维的区别。

到了大四找工作的时候，李老师总是念叨我们，趁年轻一定要到大城市去闯一闯，看一看，不要因为在青岛读书，就一定要在青岛就业，这个世界很大，只有我们的视野开阔了，我们才能站在更高的视角看人生、看自己。只有看过了，了解了，你才知道什么是好的。说是念叨，更是对每一个学生真切的关心。我们能够感受到李老师对于我们人生选择的那份重视，他希望我们能选到更好的方向，通往更好的未来。2003届法语系一共20个学生，目前生活和工作在祖国和世界不同的地方。毕业十几年了，还没有全班聚会过一次。

李老师有教无类，没有他要放弃的学生，只有他要帮助的学生。上学时，我是班里的“差生”。逃课有我，不及格有我，一问三不知。直到大三李老师开始教我们，才有所转变。李老师的课不是那种像复读机一样枯燥的读课本，而是有深入有扩展，非常实用，授课方式也风趣幽默，我开始享受课堂，开始享受学习法语。差生是很有自知之明的，知道自己不同，却最怕从老师那里感受到不同。对于课上回答问题这件事，比错误答案本身更恐怖的是老师的眼神，然而，在李老师的课堂上，我的每一次表现得到的都是热情的反馈和肯定。我受到了极大的鼓舞，更加努力地学习。记得有一天很晚了，整个学院楼仅教师办公室还亮着灯，教室里只有我一个人在看TV5练听力，过一会儿，办公室的灯也熄了，李老师路过教室门口看到我，冲我笑着说：“还在听呢，早点回去吧。”那个慈祥的笑容至今温暖着我。

因为我一直自认“差生”，也没获得什么值得老师骄傲的成就，所以毕业多年一直感恩老师却不敢联系老师。直到2015年，那时已经毕业八年，我决定去法国南特高等商学院留学，当时需要一封专家的推荐信，我很忐忑地拨了李老师的电话，没想到他老人家不仅记得我，还能回忆起关于我的事儿，一阵阵暖流涌上心头，好感动。听说我要出去读书他非常开心，立刻问我需要他协助什么。为了给我写一封能够帮助到我的推荐信，百忙之中，改了又改，前前后后从青岛寄了5次信件到广州。转眼，我从法国南特高等商学院毕业5年，从商5年。

2017年2月张龄月与李志清老师在巴黎聚餐

如今,当年那个逃课的女学生已经奔四十了,那个步履匆匆的老头儿依然忙碌在法语教学、中法文化交流的第一线。岁月就像个筛子,留下了最重要的人和事儿,温暖着心灵,指引着人生。

师恩难忘,感恩遇见。

志高德厚育英才 清气儒雅真豪杰

——记我敬爱的李志清老师

袁博*

记得2000年的夏天,带着高考后的意气风发,我从泉城济南来到美丽的青岛。学校面朝大海,树影婆娑,景致旖旎。湿热的空气,是海边独有的味道;热闹的操场,是青春独有的印迹;书生范儿十足的李志清老师出入校园间,是一抹特别的存在。那时的他,其实已经不再年轻,头顶重发,两道浓眉,额头是隐约可见的皱纹,目光矍铄又不失坚定,这就是学者的气质吧。当他字正腔圆说起流利法语的瞬间,那优美起伏的发音,直冲你的心弦,即使是直男一枚,也不由得感叹,法语不愧是世界上最美的语言。

谈起对法语的欣赏,也许是从影视剧、书籍对法国社会诠释的那恰到好处的浪漫高雅氛围开始的,而谈到对法语的热爱之情,却是在李老师言传身教的课堂上逐渐培养起来的。李老师专业扎实却又不拘小节,长时间高强度的讲课,他习惯把一条腿搭在讲台上,这幅画面让我至今回忆起来都乐不可支。李老师业务精湛,时常把法语原版经典文学作品介绍到课堂上,不管是让人读了笑中有泪的《图瓦》,还是看过之后心中被丝丝柔软打动的《西蒙的爸爸》,都是通过李老师那磁性的声音传递给我们的。学过语言的人都知道,有些词句只有母语诠释才能恰如其分,当用所学的语言,恰好表达出心中的所思所感同时又被对方精准捕捉与理解时,这是学语言的人之间独有的狡黠和浪漫,也是语言的魅力所在。

"志高德厚育英才,清气儒雅真豪杰"。李老师桃李满天下,曾三次获得法

*袁博,中国海洋大学法语系2000级本科,法国南特大学硕士;现任海南恒昇创业投资有限公司合伙人。

国政府颁发的金棕榈文化教育勋章，这是法国政府对促进中法交流人士给予的至高无上的荣誉。早在1985年，山东省就与法国布列塔尼大区结好，布列塔尼大区是山东省在欧洲的第一个省级友好城市。2002年，乘着两国政治、经济、文化、教育友好交流的东风，在李老师这位中法民间交流大使的奔波对接下，我们作为海大法语系第一批赴法留学生，来到了位于布列塔尼半岛西端最大的海港城市布雷斯特的西布列塔尼大学进行为期一年的学习。有了李老师的引荐，我们的学习和生活得到了校方热切的关怀。这里也许没有巴黎的纸醉金迷，没有尼斯的悠闲舒适，但有美丽的海滩、别样的民族文化、特色的风情建筑、绚丽的四季美景和朴实友好的民众。即使后来的我也曾在多个国家留下足迹，但那段青涩年华，依然是今生最难忘的回忆。彼时李老师身在国内继续从事教学工作，却依然不放心身在国外的我们，时常发邮件来询问近况，从人身安全到学习进度，面面俱到，无微不至，既怕我们水土不服，不适应国外的生活和教学，又怕我们缺乏自律，贪玩耽误学业。李老师既有为师的严格，也有为父的细腻。因为李老师，我爱上了法语；因为法语，我爱上了法国。从布雷斯特学成之后，我又回到法国继续踏上求学之路。在法兰西学习和生活的日子，我享受街角面包店飘出的香气，习惯了巴黎地铁的拥挤，迷恋香榭丽舍的奢华，沉浸于蒙马特高地的艺术气息……更重要的是，因为一门语言，理解一种思维，学会了换个角度看问题，对世界的理解和包容，又多了几分深刻。法兰西的自由与浪漫，这种基调奠定了我后半段人生所有的选择。

回首人生，悠然已过四十余载，我已从曾经的少年步入了中年，回眸这半生时光，感恩当初选择了法语，感恩遇见了李老师。纸短情长，师恩难忘，唯愿恩师体健安康！

恩师李志清先生二三事

其一 法语教学路上的"领路人"

卢晓帆*

转眼间,我从事法语教学已经将近20年了。每每回忆起来从教经历,我总会想起我从事法语教学的指路人——恩师李志清教授。

我硕士毕业后,进入一家世界500强法国公司从事行政工作。经过两年的工作,总觉得工作中少点什么,缺乏挑战性。经过深思熟虑,觉得从事法语教学更适合本人性格,怀着试一试的心态,2003年给刚刚成立不久的中国海洋大学投了简历。令我没有想到的是,投简历后不久,我就接到了李老师亲自打来的电话,邀请我去青岛试讲。当得知电话那头是李志清教授本人时,我心里既吃惊又感动,因为当时李老师已经是法语界大名鼎鼎的专家,而我只是一名默默无闻的晚辈。试讲时,虽然我也做了精心的准备,但毕竟是第一次上讲台,心里难免紧张,李老师特地安排试讲前让我和学生们进行了简单的互动,让我紧张的心渐渐平复下来。试讲后,李老师既对优点进行了充分的肯定,又对待改进之处提出了中肯的建议和意见。

我入职中国海洋大学的时候,李老师已近六十岁,当时的法语系还是一支相当年轻的队伍。李老师每日的工作千头万绪,他办公室的灯经常是外语学院办公楼里最后熄灭的那盏。即便是这样,他仍然没有忽视对年轻教师的扶植,从教学、科研、深造,乃至生活的方方面面,关心着年轻老师。他亲自帮我联系法国南特大学对外法语教学研究所(IRFFLE),使对方接受我去访学,帮助我提高教学水平和能力。特别是在教材编写方面,从2004年起,李老师就鼓励我结合自己的工作和

---

*卢晓帆,北京外国语大学法语专业本科,巴黎第一大学硕士,现任教于中国海洋大学外国语学院法语系。

学习经历，出版一本经济管理方面的法语教材，积极帮我联系国内高水平出版社，并从教材结构、内容等方面给予我很多建议，最后还不辞辛苦地担任审核工作，最终这部教材被列入“十一五”国家规划教材。后来，在李老师的帮助和主导下，又陆陆续续地出版了一系列教材。每本教材，无一不凝聚着李老师的心血。

李老师始终非常重视外语教材建设，他认为出品高质量教材是惠及学生、功德无量的一件事。即便在当下，编写教材并不被外语教学界主流认可，许多教师都认为编教材是一项出力不讨好的工作，但是李老师几十年如一日地坚持了下来，出版了一大批高质量的教材。他不仅自己这样做，也鼓励系里年轻教师结合自己的专长出版教材。2021年10月，李志清教授获得首届全国教材建设先进个人称号。这个奖项的获得是对李老师在法语教材编写领域勤耕不辍的肯定，可谓是实至名归，当之无愧。

记得李老师经常说：“我这一生最希望的就是，像莫里哀一样，他在舞台上结束生命，我则在讲台上，这是我梦寐以求的一生。”李老师从教55年来，从他的身上，我看到了一位教师呕心沥血、兢兢业业、为人师表的教书育人精神。他不仅是我法语教学路上的恩师和领路人，更是我一生学习的榜样！

其二　无私奉献不图报，教书育人永不停

温煜东*

2009年的夏天我有幸在中国海洋大学跟随李老师学习法语。上课的日子既有付出也有收获，但每当我回想起我的恩师李志清教授，一些小事总让我记忆犹新。

永不缺席的领带

西服、西裤、白色或浅蓝色的衬衫、领带，每当我回想起李老师时脑海中总是出现这样的形象。每一天，李老师都会西装笔挺地出现在教室，无论酷暑严寒。我印象中的李老师从来没有穿过任何“舒服的”衣服：即便是寒冷的冬天也不穿羽绒服，羊毛西服加一条围巾足以；炎热的夏季也不穿T恤，仅仅是去掉西装外套，换成短袖衬衫。当然，领带是永远不会缺席的，正式穿着是他对教育事

*温煜东，中国海洋大学法语语言文学专业2009级硕士，现任辽宁师范大学外国语学院法语系教师。

业的尊重和热爱。

砖头厚度的教案

大约一包打印纸的厚度，A4大小，没有装订，最上面和最下面的一些纸页微微卷边。纸张中间主体部分是打印好的法语，四周有手写的痕迹，还可以看到被黄色荧光笔标记出来的重点。虽然是已经讲授过多次的“旧课”，但依旧如此用心。每次上课时看到李老师准备地如此认真都会激励我更加努力的学习。

没有时差的授课

由于工作的关系李老师每年都要往返法国数次。刚开学的时候我还暗自想过，老师出差意味着学生可以偷懒：出差的日子不上课，回国还要再调整一下，又可以多休息几天。没想到李老师不仅没有缺席过一节课，甚至多次在回国后的第二天就能精神饱满地出现在讲台上！而当时李老师已年近70，这份惊人的体力和毅力让当时20岁出头的我自叹不如。

关注学生的发展

我学习的是法语教学法方向，毕业论文可能会涉及教学实验结果的统计与分析，因此入学后不久李老师便建议我去旁听英语专业的相关课程。如果没有他的提醒和帮助，我不可能提前学习这方面的知识。这帮我节省了大量的时间，并提前为论文写作扫清了技术障碍。这份对学生的关爱也一直持续了下来。在毕业一年之后，李老师在青岛法盟图书馆的一个角落里和我交谈，再次鼓励我去法国留学。当时我正处于迷茫期，如果没有李老师的指导，我甚至没有想过还有这样一种选择。他帮我拨开了迷雾，找到了前进的方向。在法期间，李老师多次鼓励我读博，虽然因为我的个人原因最终没能实现，但他的谆谆教导我一直谨记于心。虽已毕业多年，他却始终关注着我的生活和工作，其间邮件联系数十封，每一封都是他对我的关爱和教诲。

西装和领带是他的爱岗敬业，“砖头”教案是他的严谨治学，回国第二天正常授课是他的严于律己、以身立教，关爱学生并为之计深远是他的教书育人、诲人不倦。每次想到李老师，我脑中出现的都是他对教育事业的澎湃热情，对学生的无私奉献。德国哲学家雅斯贝尔斯说：“教育的本质是一棵树摇动另一棵树，一朵云推动另一朵云，一个灵魂召唤另一个灵魂。”他用自己的行动默默教育并影响了一代又一代学生，他是我的恩师，更是我最崇拜的人。

其三　师者的楷模

郭彦娜*

记忆中,中国海洋大学浮山校区外国语学院的三楼有一间小教室是法语系的,门外是一条窄窄的走廊,那是时任法语系主任李志清老师出入办公室的必经之处,也是大学生活中最让我难忘的地方之一。2004年,我成为中国海洋大学法语系新生。家乡以外的"新世界"让我新奇,却也有些难以适应。专业学习的第一步便迈得磕磕绊绊。第一学期结束,我仍然没有摸到法语的门道。焦急、灰心的情绪让我心里暗暗决定次年另转专业。第二学期开学不久,班主任卢晓帆老师在三楼走廊叫住了我,她告诉我,每个人接受新事物有快有慢,炽热的也许冷却快,慢热的却始终沸腾着。"你的沸点高,"卢老师看着我说,"不用着急。"那天,仲春和暖的阳光透过走廊的窗子,仿佛把一切都染上了希望的绿色。我不再畏葸不前,抛开转专业的念头,继续努力。我常常在三楼的教室上自习到很晚,困了就到走廊读书。走廊的另一端,李老师办公室的灯总是亮着。我们大一学生没有李老师的课,只是每每看到李老师背着沉甸甸的单肩包,走路匆匆忙忙,不苟言笑。期末考试前的晚上,我照例在走廊窗台边小声读法语,读到外教马蒂厄(Mathieu)教我们的一句法文俗语(C'est pas beau d'être beau quand on n'a pas de coeur.)时,匆匆路过的李老师停下脚步,说道:"这个句子是否定句,省略ne是口语表达,书面语应当加上ne。""嗯,我懂了,谢谢老师。"我既惊讶又感动地回应,而李老师并不多言,匆匆走远了。三楼走廊窗边的简短谈话是我与李老师的第一次接触。

到了大三,我们成了法语系的"砥柱":组织法语沙龙活动、筹办圣诞晚会、参加翻译大赛……随着我们与李老师的接触越来越多,李老师也渐渐成为我们学生口中的"老李"。李老师对待课堂一丝不苟,但平日与学生相处却幽默可亲。年近古稀的李老师似乎有用不完的精力。他的办公室总是为学生敞开,我们任何时候都可以去求教;他奔波于中法之间,不断增加法语系学生赴法留学的机会;他担任法国多所大学的客座教授,也经常邀请法国学者与我们交流。

*郭彦娜,中国海洋大学法语专业2004级本科,2008级硕士生,法国南特大学博士;现任对外经济贸易大学外语学院法语系教师。

我曾经问过李老师如何保持旺盛的活力，李老师想了想，很认真地回答："早早睡觉。"这个让人莞尔的答案竟些微透着禅意。

李老师的稠眉下有一双不知疲倦的眼睛，黑白分明，眼神中有关切，有鼓励，还有一丝孩童般的狡黠和戏谑，使人亲近信赖。孔子弟子形容夫子"温而厉，威而不猛，恭而安"，在我们看来，李老师正是这样的师者、学者和长者。

学高为师　身正为范

——记导师李志清

曹淑娟*

时光荏苒,岁月如梭。如今就到了李志清老师的朝枚之年,他从教也走过了55个年头。我作为李老师的学生,每每回忆起在李老师门下受教的日子,心里满是感激之情。

2001年,我进入中国海洋大学法语系,开始了崭新的大学生活。彼时,学校还称作青岛海洋大学,而我们是法语系的第二届学生。从高中到大学,从临沂到青岛,从英语到法语,这种转变既令我感觉新鲜又让我忐忑不安,还伴随着迷茫。大学生活如何度过?怎么学好法语?未来的道路在哪里?一切都是未知。还记得大一的第一次班课,李志清老师亲自给我们主持,给我们讲述法语的历史,自己学习法语的经历,并告诉我们学习法语的光明未来。李老师激情又温暖的话语,如清风,扫除了一切烦闷,剩下的尽是希望,我也因此满怀欣喜地投入法语学习中。

法语很难,这是我刚接触它时的第一感觉。不过李老师一直陪伴着我们,从大一的语音入门到大三的文学课、大四的精读课,他带领我们一步步进入美好的法语世界,可以说我们这一级的学生是李老师手把手带起来的,后来学弟学妹们也会时常提起此事,表达羡慕之情。

李老师学识渊博,他的课堂生动有趣,同学们都非常喜欢。我对文学的喜爱包括现在继续从事文学,无不跟李老师密切相关。他用一个个故事将作品生动地展示出来,带领我们在文学的海洋里畅游。还记得每次上完课那种欢喜的

*曹淑娟,中国海洋大学2001级法语专业本科,大连外国语大学硕士,北京外国语大学博士在读;现任山东师范大学外国语学院西语系主任。

感觉,毫不夸张地说,上课是件快乐的事情,每次都期盼着李老师的课。李老师对学生非常负责,了解每个学生的优缺点,像对待自己的孩子一样对待学生。记得大四考研之前,他会在同学们的作业本上写上一些勉励的话和建议报考的学校,这些正如明灯给我们指引了方向。李老师对待我们从来都是鼓励的,他一直说你们的法语水平很高,在全国都是名列前茅。带着李老师的鼓励,我们自信满满地奔赴了不同的学校。遇到困难时,就会想起李老师的鼓励。他是我们的榜样,是我们一直努力想成为的那个人,也是我们的“定心石”。我硕士毕业刚工作时遇到了一些困难,我首先想到的是给李老师打电话。听到李老师在电话那头用熟悉的语调跟我说“做好自己的事情,不用理会其他,一切就都会好起来的……”,我顿时释然。这句朴实又智慧的话语一直提醒着我、激励着我,让我避开了很多无谓的烦恼。

李老师的勤奋是我们钦佩的方面。浮山校区A区李老师的办公室,不管是我们早上7点多来教室自习,还是晚上10点晚自习结束,都能看到李老师忙碌的身影,真的是日日如此。而他第二天出现在教室时永远是西装革履、精力充沛、激情四射,从来没有过神情倦怠的时候。他是真的热爱教学,热爱学生。我们自觉向他学习,读书、听RFI电台、背诵课文、做作业,度过了紧张又充实的四年,从而没有给青春留下遗憾。现在想来,大学四年心无旁骛、努力奋斗的日子是人生最宝贵的财富,而这一切都是李老师教给我们的。

李老师还给我们提供各种进步的机会,利用冷餐会、圣诞、元旦联欢的机会,把青岛的法国人聚集起来,给我们提供锻炼的机会。他还会请一些专家学者来给我们讲学,开阔我们的视野。

李老师对学生的好是一贯的,学生只要有事情麻烦他,他都会竭尽全力去帮忙,对后辈爱护备至。我们这些年轻教师资源少、机会少,虽然不在海大任教,李老师也不忘提携我们,给我们出谋划策,带着我们编写教材,以各种方式支持我们。记得第一次请李老师来学校做讲座,我忐忑不安,生怕他工作忙没有时间,没想到他爽快地答应了。本来安排的是一个半小时的讲座,他整整讲了三个小时,也整整站了三个小时,这是他一贯的原则:站着上课。他激情四溢的讲座感染了每一位学生,现场掌声雷动,大家迟迟不愿散去。此后,他每次讲座都差不多持续三个小时,永远都是激情澎湃。

现在,李老师将近80岁,仍旧耕耘不辍、活跃在法语界。我也习惯了遇事跟李老师请教，有消息跟李老师分享。每次听到他的声音，看到他回复的话语，总能感觉到温暖和力量，那句“Bonne continuation”（继续好好干）一直在我心里回荡……

何其有幸在年少懵懂时遇到了李老师，他有阳光的热情、大海的广博、天空的纯粹，借此机会想对李老师说：谢谢您，亲爱的李老师，真诚地祝愿您永葆年轻，幸福安康！

潜心育人五十载，桃李天下敬初心

陈思宇*

在2008年通过小语种提前录取考入中国海洋大学法语专业之前，我就对李志清教授仰慕已久，也期待能在进校后见到这位在两所985高校建立法语专业的“传奇人物”。第一次见到李老师的时机很意外，当时自己刚入校，在晚自习前路过教师办公室，偶然发现还有一个房间亮着灯，凑过去看才发现是退休的李老师在办公室忙碌着。后来我和同学们渐渐发现，李老师在工作日几乎每天都早出晚归，来学校处理科研及公务、授课并指导学生。

李老师对待课堂教学从来都是不遗余力、一丝不苟，他一辈子都在坚持教书育人的初心，这种精神在今天这个浮躁的社会显得尤为难得。记得我们有时路过教学楼下甚至都能听到李老师在楼上教室如洪钟般充满热忱的声音。李老师是一位真正热爱课堂、热爱教学的大师，他擅长用巧妙的方法化解授课中的难题，他讲授的法语语音技巧我至今仍记忆犹新，也将它们运用在自己的课堂教学中。课堂上的李老师喜欢穿梭在同学们的座位中间，随时喊周围的同学回答问题，也正是因此大家上课从来不敢走神，李老师在文学课堂上绘声绘色的讲解，更让我们目不转睛，意犹未尽。

李老师真正让我们这些晚辈铭记与感激的，不只在于传道授业解惑，更在于他精神力量的感染力。无论是兴办专业还是求学治学，李老师从来都是排除万难，主动争先，作出表率与榜样。我们私下里也常常开玩笑说，李老师一个人就是一支队伍。李老师对学生们的期望很高，处处关怀，作为大教授从不摆架子，甚至会主动出面为我们解决一些行政流程上的不合理，解决学生们的“急、

*陈思宇，中国海洋大学2008级本科，2012级硕士，南京大学2018届博士；现任教于河海大学法语系。

难、愁、盼”。毕业后，繁忙的工作和博士学业常让我疏于主动联系，而李老师却时不时发来短信、邮件了解我的近况，每次简简单单的“甚念”二字总让我这个小辈既是汗颜又是感动，更觉得如果不做出一些成绩来可真是要辜负老师的期待了。李老师擅长鼓励年轻人，乐于帮助年轻人，记得刚工作不久，我就向李老师诉苦，觉得现在的学生学习积极性总不比以往，没想到李老师二话没说就来学校为同学们做了一场引人入胜的讲座，目的就是让大一的同学们能够提高学习兴趣，很多同学在听了这场讲座后深受触动，下决心要把法语学好，为中外交流做出贡献。

李老师也是我走上学术道路的引路人，记得本科论文选题时，我开始想研究雷蒙·格诺(Raymond Queneau)的《蓝花》(*Les Fleurs Bleues*)，当时李老师谦虚地说自己对这位作家关注比较多的还是他的“乌力波”社团(Oulipo)和《风格练习》(*Exercices De Style*)，《蓝花》这本小说他尚未读过。然后我就决定先自己“探索发现一番”，现在看来当时的我也只是有点肤浅的想法，其实并没想好如何开展深入的文学批评和文本分析。没想到，才过了两天李老师就又找到我，说自己读完了《蓝花》，但感觉对于本科生而言这个文本不好驾驭，建议我考虑更换题目。我于是打算从庄子的寓言与法国文学的关系这个方向找选题，没想到自己手头并没有法语版的《庄子》文本，李老师就马上订购了一本让·莱维(Jean Levi)的最新版《庄子》译著借给我，每每想起这些心里总是很感激。李老师也用他的身体力行提醒我，为师者必须要不断精进，随时更新补充自己的知识，对待课堂教学、对待学生培养要问心无愧，如果自己都得过且过，学生们又怎么会有上进心呢？记得李老师还曾对本科时的我说：“不要把写论文看成一个任务或者苦差事，要把它看成一件有意思的事。”从事学术研究很难说不辛苦，但是找到新线索、新灵感、新发现的快乐更是无可比拟的。我在之后的工作生活中遇到困难想要退缩的时候，也每每会想到李老师的这句话，告诫自己：“苦中作乐，坚持到底就是胜利。”

“学高为师，身正为范”，我常常庆幸自己从本科生、硕士生到博士生一路走来，遇到的多是真心为学生着想、人品学养皆高的好老师，教会我们做人、治学、为师的道理，这些都将伴随我的一生，我也想在此向我亲爱的李老师致以衷心的祝福，感谢恩师，感恩有您！

李老师的花园

方圆平*

转眼，踏入中国海洋大学法语系已近10年光景。那时候结束高中生活，懵懂进入大学的我并不知道，画卷展开，与法语的缘分自此开始。之后的学习、生活，到现在的工作，都与法语息息相关、密不可分。

而在海大四年的学习时光里，李志清老师则是一位切切实实的启蒙人。

说起来，未曾有机会上李老师的专业课，因为彼时的李老师已近古稀之年，本是退休的年纪，自不再需要教授专业课。好在李老师就是这样一位愿意毫无保留将自己的经验与感悟与学生交流分享的、不愿就此离开三尺讲台的先生。因此，在海大的四年时光里，有幸聆听了李老师的多场讲座，也因中法班的关系与李老师有了更多的接触。

尤记得第一次听李老师讲座时，本以为会是气氛严肃、内容高深的一场讲座，毕竟李老师盛名在前，然而，气氛竟是意外的轻松、愉快，却又收获良多。李老师的授课有这样一种魔力，分明是在讲大家都熟知的法语学习，却饱含着他的个人特色：那与法语打交道几十年的经验，信手拈来的从容与博学，历经千帆的豁达与坦然，始终不曾褪色的赤诚与真挚，时常令人捧腹的幽默与诙谐——总是让人听得津津有味。

印象最深的是李老师讲座时提起莫里哀之死：这位为喜剧奉献一生的大师因劳累过度，咳血累死在了舞台上。李老师却以他为范，希望自己一生为教育奉献，愿意在讲台上结束生命——以此来回应一生的事业，何其令人动容。

时光流转，如今我也进入高校，成了一名法语老师。而系里所使用的专业

---

*方圆平，中国海洋大学2013级法语系本科，中法班学生，南京大学法语系2017级法语笔译硕士；现为浙江越秀外国语学院应用法语系教师。

基础课教材，正是李老师主编的《新大学法语》。熟悉的名字带来的是扑面而来的大学记忆与无法掩盖的亲切，不禁骄傲地对学生介绍：这位主编是老师的老师啊！也由此萌生了请李老师为学生做讲座的想法。然而，许久未曾联系，这位对我来说大名鼎鼎、记忆深刻的老师，还记得我这样的一名普通学生吗？怀着十分忐忑的心情，通过尹伟老师的牵线，我拾起了与李老师的联系。然而，李老师回复的第一条短信便是"方圆平！我不会忘！越秀我也很熟！"仿佛能够透过标点符号看到他的神情，令人心生喜悦。后来电话沟通时，李老师闲话家常，谈起从前的人与事，久远的记忆又仿佛历历在目，不变的是李老师一贯的心系学生、豁达爽朗。

疫情反复的背景下，讲座不得已采用线上会议的形式。顾虑线上效果不佳而婉拒了许多高校邀请的李老师，破例接受了这次邀请，并在前期反复沟通内容与形式，联系了智慧教室与工作人员负责技术问题，力图为学生呈现最好的效果。到了讲座的那一天，看着大屏幕面前精心准备、一丝不苟的李老师，忍不住感慨万千。这位先生已是78岁高龄，可岁月对他这样宽容：神采奕奕的脸上，丝毫看不出古稀老人的暮气。他总是那样博学、健谈、神气，预备着将一届届学生带入他所钟爱的法语世界里。

仿佛昨日重现，李老师的讲座翔实恳切、引人入胜，说起法语来还是那样从容优雅、娓娓动听，同时，他的授课仍是那样的深入浅出、风趣幽默——曾经是我的引路人的李老师，又将成为多少学子的引路人呢？

于我而言，这位引路人带来的影响，从来不仅仅是在法语学习的方面。浓墨重彩的人生经历给了他足以为外人道的资本，却也无碍他的谦逊与从容。他总喜欢说"来日方长"，也在讲座中调侃自己，法国驻华大使为他颁发金棕榈统帅勋章时说，李先生最大的优点就是身体健康，活得长。话虽是调侃，但其意却深。

五十余年的从教生涯里，他不曾汲汲营营，急功近利。踏踏实实做自己认为重要的事，不管岁月漫长。他在法语教材编写领域耕耘不辍，大力促成中法之间的交流，悉心扶植青年教师成长——数十年如一日不懈的坚持，他身体力行了他在接受采访时所言："只要好好做事，总有一天党会认可你，人民会认可你。"在时代高速向前、不断"内卷"的热浪里，他是悠长的清凉。

很喜欢李老师引用的伏尔泰的名言"Il faut cultiver notre jardin"——任时间纷纷扰扰，不如埋头打理自己的花园。不信你看，李先生的花园，早已枝繁叶茂，美不胜收。

永远的榜样

——我的老师李志清

张璇*

人的一生会遇到很多恩师，我也一直庆幸在人生的关键时刻总是能遇到良师，我的研究生导师李志清教授便是其中一位。

2010年9月，我进入中国海洋大学开始了研究生阶段的学习。我至今都记得第一次上李老师课的情形：上课铃还未响，李老师便走进了教室，他的眉毛又浓又粗，不笑的时候透着些许严厉。看到他的第一眼，我的心就开始紧张起来。那是一节文学课，讲的是20世纪法国文学，使用的教材也是李老师主编的。大多数时候，李老师用全法文上课，但到一些比较难理解的地方，老师有时也借助中文给我们解释。老师的法文说得相当好，语音语调非常好听，用语也十分讲究。我们一个班只有六名同学，桌椅不像现在课堂上规规矩矩地摆放，而是围成了一个圈，李老师站在中间。他时不时地走动，以期能跟每个人都有互动。他经常会在我最出其不意的时候让我起来回答问题，以至于我至今都记得当时的紧张。所以，每次课下，我都会花费很多时间和精力进行预习和复习。现在回想起来，我的法语水平在研究生阶段确实进步不少。20世纪的法国文学有些晦涩，再加上跨文化的因素，理解起来确实很难。李老师在课上经常领着我们一起阅读，有散文，有诗篇，他特别擅长将一些晦涩难懂的地方运用简单的比喻讲解。那一年的文学课，对我来说，不仅仅是法语水平的迅速提升，也学会了运用想象和通感来感受文学的魅力。

除了文学课，李老师还给我们上了另外两门课：法语教学法以及法英语法

*张璇，四川大学2010级法语专业本科，中国海洋大学2013级硕士；现为郑州航空工业管理学院法语系教师。

对比。李老师说,我们当中有相当一部分人将来是去一线做法语老师的,这两门课可以帮助我们思考如何去讲课。今天回头看,我还是不得不感叹老师的高瞻远瞩。中国学生的第一外语绝大多数都是英语,而英语和法语又同属拉丁语系,两种语言的语法有一些相似之处,也有很大的不同。作为老师,我们应该去研究两种语言在语法上的相似和不同,这样在未来的教学中才能更好地帮助学生。李老师的英语也非常好,在课堂上,他一面仔细听着我们的报告,一面不停地发问,逻辑十分严谨,有时提出的观点也非常新颖。比如,他说英语中将“possessive adjectives”译为“形容词性物主代词”,他觉得非常不妥,不如法语中对应的“主有形容词”(adjectif possessif)贴切。因为从用法上来说,这个词的功用是类似于形容词的。类似这样的高见还有很多,当时的我真是觉得惊叹,一位法语教授的英语也能如此之好,实在让人佩服。他在课堂上曾不止一次地鼓励我们学好英语,这样两门外语在手,除了能在教学上游刃有余,也能有机会将中国文化更好地传递出去,毕竟,学习语言就是为了交流。

如果说李老师在课堂上是一个严谨认真、一丝不苟的学者,私下的他却是一个不折不扣的“老顽童”,为人幽默风趣,却又时刻彰显着智慧。他经常在课间跟我们闲聊,聊他小时候的经历,聊他的健康观念,聊他的法语学习经验,聊他的大学足球队经历,有时还调侃一下自己的外貌和年纪,常常逗得大家哈哈大笑。记得2012年我和同学去法国交换学习,老师正好去法国出差,当时我们刚到法国一个月,每天除了很重的课业,还要赶着写硕士毕业论文,压力特别大,又特别想家。老师一见到我们就笑着说:“过得还不错嘛! 你们俩都圆了!”我们听到这句话,又好笑又想哭。

转眼间,毕业已经九年了。这些年,我跟李老师一直保持联系,老师给我的帮助特别大。刚工作的时候,我带法国文学史这门课,当时也没找到特别合适的教材,在备课和准备材料的时候向李老师请教多次。后来,我所在的学校申请法盟项目,因为知道李老师曾是青岛法盟的中方校长,所以我们找李老师请教经验。李老师不仅没有半点推辞,还积极主动帮助我们建立联系,带着我们去好几所法盟进行考察学习,三年里不辞劳苦、不计回报地为我们奔走。工作中时常会有迷茫的时刻,每每跟他交流,他总能诚恳地给我提出一些实质且有效的建议,以及温暖、坚定的鼓励。

往事一幕幕展现在眼前,我心中的感激无以言表。我想这就是李老师的大爱吧。从教五十多年,李老师教书育人,编写教材,毫无私心地提携后辈,全身心扑在法语教学事业上。我本想着,年近八十,这下李老师可以歇歇了吧,可谁知他却说:“我这一生最希望的就是像莫里哀一样,他在舞台上结束生命,我则在讲台上,这是我梦寐以求的一生。”的确,上过李老师课的学生应该都记得在讲台上的他是多么神采奕奕。只有真正的热爱,才会如此吧。爱因斯坦曾说:“一个人的价值,首先取决于他的感情、思想和行动对增进人类利益有多大作用,而不应当看他取得什么。”李老师永远都是我的榜样!

恩师如松

陆琦*

如果说要选一种植物来形容我的导师李志清教授,我想那应该是松树。

至今,我依然清晰记得第一次见到李教授时的情景。那天,李教授刚刚结束了讲座,乘坐电梯回到位于五层的办公室。电梯门打开后,只见李教授迈着矫健的步子向办公室走来,见到我后热情地跟我打招呼。在入学前,我也曾读过关于李老师的报道,知道他是国内法语界顶尖的学者,还曾获得过金棕榈文化教育勋章,而就是这样一位人物出现在我面前时,居然是如此的平易近人、和蔼可亲,让我瞬间放下了心中的包袱。刚入学的第一个月碰巧赶上了研三的论文开题,开题结束后老师还亲切地问我有没有什么不懂的地方,有没有一些自己的想法。李教授完全没有高高在上的架子,对待学生从来都是非常温和,即便是有学生犯了错,也会温和地教导,从来不曾见过他疾言厉色。

研一一年都有李老师的课,每次上课他都穿着熨烫整齐的衬衫,全程站着讲课,就算是课间也很少坐下休息,他认真对待每一堂课,提问时顾及每一个学生,让大家都能参与到课程中来,为大家营造了良好的课堂氛围。

到了研二时,李教授即便没有教学任务,也会为了我们特地来学校开展论文指导,即使身处外地来不了学校,也会抽时间通过邮件和短信给我们的论文提出建议。新冠肺炎疫情期间,论文需要的一些图书和资料无法买到,老师还会用自己的藏书帮助我们。我的论文需要用到谢阁兰的材料,老师就从家里拿出了自己珍藏的谢阁兰全集和相关材料,还贴心地为我做了标注,并写上了自己的一些见解,这为我的论文写作提供了极大的便利。

身为李老师的学生是幸运的,因为他会设身处地地为学生考虑,也会尽自己所能为学生提供帮助。研二时,李老师让我有机会参与了教育部一部法语教

*陆琦,中国海洋大学2018级法语专业硕士;现工作于中国工商银行天津分行。

材的编写工作，这样的机会对于一个在校研究生来说是想都不敢想，但李老师对我和我的同门给予了高度的信任。因为是第一次参与教材的编写工作，我们刚开始手足无措，李老师拿来了他曾出版过的图书供我们参考，给我们提供了编写思路。初稿完成后，他会细心为我们做批复，一课的教材内容差不多要改七八次才能定稿，也是通过此次机会让我了解到了图书出版工作的不易。

虽然已经毕业，但李志清老师传授给我的知识和为人处世的道理依然令我记忆犹新。在李教授80岁生日与从教55周年到来之际，我也衷心祝愿老师身体健康，阖家幸福，学术上再创辉煌，松柏常青。

李志清老师是一位真正勤劳而快乐的园丁

粟乾洲*

2003年,我考入中国海洋大学的中法班,第一次见到了李志清老师。因为李老师并不是我们的任课教师,所以我们见到李老师的机会并不多。当时给我的感觉就是李老师慈眉善目,对谁都很和善。在我们班法语成绩并不理想的时候,他还时不时地劝导我们,尽其所能给予我们帮助。在我从法国回到家乡后,一直没能再见到李志清老师,也很长一段时间没有联系过。直到2020年,因为受新冠肺炎疫情影响,我爱人的留学培训机构遇到很大困难,李老师知道后,立即联系法国的友人介绍法国的教育项目给我们,对我们帮助很大。我们非常感激也很感慨李老师真是一位难得的好老师。我也非常荣幸能在老师80岁生日到来之际,表达自己的感激之情!

李老师在中法文化交流、法语教学等领域都取得过非常高的成就,令人十分敬佩。但给我感触最深的还是李老师对事业几十年如一日的辛勤付出,哪怕是退休之后,依然保持着如此旺盛的精力,耕耘不辍,并且一直保持着快乐的心态。这一点在我从事教育事业10年之后,对李老师尤其感到佩服。仔细一想,我所认识的人当中,还真没有谁能做到像李老师那样。

做一名真正的老师,需要耐得住清贫,需要不断将自己生命的能力无私且积极地播撒给学生。面对不断重复的教学工作,要不断提高自身水平。李老师数年如一日,如此辛勤耕耘,却能让自己活得像孩童般快乐,他确实是我人生中的榜样。我想李老师能取得这样的成就一定是对这份事业有着无限的热爱,把这种付出当成了快乐的来源。记得两年前,我联系李老师的时候,他还一直没

*粟乾洲,中国海洋大学中法班2003级学生,2007年获法国西布列塔尼大学应用数学本科;现任广西艺术学校数学教师。

有使用微信,并不是不会使用微信,而是使用之后,发现微信虽然方便,但太浪费时间,太容易打扰工作,就不再使用了。

在我和李老师有限的见面次数里,他一直是保持着笑容,和蔼可亲,这种快乐的心态是写在老师脸上的。在李老师80大寿到来之际,我衷心祝福我们可亲可爱的李老师健康快乐,虽然我知道他一定会健康长寿并且会一直快乐下去。李老师对生活和事业充满了热爱,因为热爱所以辛劳;因为辛劳所以快乐;因为快乐所以健康。所谓厚德载物,一生无怨无悔的关爱付出,必得一生好运相伴!

老师,您辛苦了!

——写给恩师李志清教授

杨柳*

有幸,我也曾是您学生中的一员,
与您一起坐在教室中,
畅游知识的海洋,
更有幸的是,
短短四年的大学生活中,
能够在您的教导和培育下茁壮成长,
从中所收获的专业知识和人生财富,
不是只字片语能够概括的,
更不是几次庆祝会能够体现的。
在求学的黄金时期,
承蒙您的教诲,感激!
在人生的成长阶段,
承蒙您的致电,感激!
我想我与您的千百弟子都有一个共同的心声——
遥寄一份祝愿,道一声:
老师,您辛苦了!
携丰硕的知识成果与青春的沸腾热情,
我们离开校园,

*杨柳,中国海洋大学2006级法语系本科,吉林大学2015级硕士,美国威廉玛丽学院博士在读;现任北京八一学校国际部主任。

走上各自的工作岗位。
在拼搏与奋斗的道路上，
不忘您的叮咛，
加倍努力；
在辉煌与喜悦的奖台上，
不忘师恩，
再接再厉。
千言万语汇成江海，却不足以表达
我内心对恩师您的感激之情。
就请让我在您执教五十五周年之际，
再说一次：
老师，谢谢您！

教学艺术家

——李志清老师

王采文*

我于1988年秋进入山东大学现代美国文学研究所学习,因此有幸成了李志清老师的学生。

李志清老师教授我们法语和法国文学。第一天上他的课,就被他丰富的阅历、活跃的思维和幽默的语言打动。通过其他教授的介绍,我们得知李老师出身书香门第。少年时期受著名翻译家傅雷影响,热爱法语,并于1962年考入上海外国语学院(现已更名为上海外国语大学)法语系学习。1966年上海外国语学院毕业后,他被分配到西安外国语学院任教。1978年,李老师调入山东大学,筹建山东省第一个法语专业。上他的课,大家都非常陶醉。他论证严密,观点犀利,遣词造句生动,极大地调动了学生对法国文学的浓厚兴趣,增强了学生树立问题意识、勇攀学术高峰的信心。至今他讲授伏尔泰的《老实人》的情景还历历在目。他不仅把伏尔泰极具讽刺性、带有黑色幽默味道的独特语言表达得惟妙惟肖,还让我们在学习语言的同时学到了深刻的西方哲理。

李老师不仅有深厚的法国文学造诣,对学生诲人不倦,还像父兄一般对我们无微不至地关爱。我们几个同学经常去他家里向他请教,无论他当时多么忙,每次都耐心为我们解答问题。自从成为李先生的学生后,老师的目光就一直关注着我的成长进步。

离开山东大学后,我和其他同学仍然与李老师保持联系,不断地从他那里得

*王采文,山东大学美国文学硕士,长期在美国工作,现已退休。

到鼓励和支持。李老师还经常与我们分享他的研究心得和成果。2013年,他在信中谈到研究法国浪漫主义作家夏多布里昂(Chateaubriand)的一些新的感受。李老师谈到当年夏多布里昂远离法国,到美洲旅行,花了一年多时间在北美南部的丛林中历险,和当地人生活在一起。这次旅行为他后来的创作提供了丰富的素材,他的作品《纳切兹人》(*Les Natchez*)也在此期间初步成型。夏多布里昂掀起了"美洲热",他是第一个将北美风光和印第安人写进法国文学的杰出作家。从那以后,美洲便成了欧洲大陆文学宝贵的素材和创作福地,出现了大量以美洲为题材的作品。

李老师谈到,他希望在有生之年也能去夏多布里昂走过的密西西比河流域和纳切兹古道(Natchez Trace)走一次,亲身感受一下沿途的原始风貌和印第安人文化。巧合的是,我们几个定居美国的同学之前曾商量在什么地方聚会一次,于是我们决定邀请老师来美国,陪他一起自驾游,既了了老师的心愿,又能同学相聚,还能再一次聆听老师的教诲,一石三鸟,不亦乐乎!

在纳切兹古道的李志清教授

李老师收到我们几位旅美同学的邀请后,欣然同意来年春天赴美。2014年4月,我们三位同学在美国南方迎来李老师。李老师稍事休息就与我们上路。第一站来到在1716年由法国殖民者建立,用当时居住在此地的印第安部落纳切兹(Natchez)命名的小城,这是密西西比河下游河谷最古老和最重要的欧洲人定居地之一。美国人建立密西西比州时,这里一度是密西西比州首府。在建立后的一个多世纪中，纳切兹俯瞰密西西比河，成为印第安部落和欧洲的交流中心。密西西比河下游地区种植和收获大量的棉花，甘蔗通过密西西比河运到纳切兹，再从这里经纳切兹古道运往田纳西和美国东北部。这条古道有将近一万年的历史，全长444英里(约714千米)，是印第安人部落交通运输的干道。李老师兴致勃勃，早已忘却自己的年龄，经常独自驾车，独享神秘而静谧的万年古道的美景以及夏多布里昂小说中的有关描述。一路上，李老师触景生情讲述夏多布里昂的作品，讲到兴奋处，妙语连珠，我们仿佛又回到山东大学的课堂，又做了一次他的学生。

李老师回国后不久就传来好消息。5月24日，法国驻华大使白林女士来到中国海洋大学，为李老师颁发法国文化教育领域最高级别的荣誉——金棕榈统帅勋章。白林大使亲手给李志清老师佩戴上了一枚棕榈叶形状的紫色勋章，她说："感谢李教授对中法文化交流、中法教育事业做出的卓越贡献，统帅勋章是法国政府授予外国友人的最高荣誉。"李老师不仅先后创建了山东大学法语系、中国海洋大学法语系，还主编了《立体化英语》《英汉翻译教程》《法国语言与法国文化》《大学法语教学大纲》《新大学法语》《21世纪大学法语》《20世纪法国文学》《大学交际法语》等多部著作，在法国学术界和教育界享有很高声望，先后被巴黎第七大学、昂热大学、雷恩第二大学、西布列塔尼大学、南特大学、土伦大学聘为客座教授，同时成为马赛第一大学、西布列塔尼大学、南特大学、土伦大学的博士生导师。我们在海外的学生都为李老师感到高兴，也为曾是他的学生而自豪！

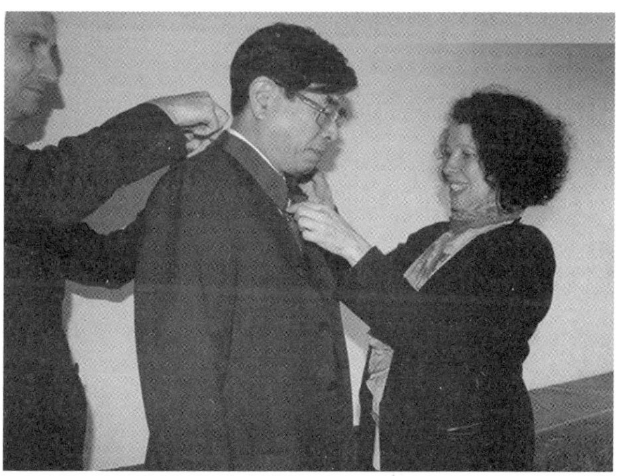

法国驻华大使白林女士为李志清教授佩戴勋章

虽已是古稀之年,李老师依然坚持教书育人,坚持在各地举办学术讲座,从事法语与法国文化研究。他说:“我热爱法语,喜欢教书,应该站在讲台上,就如同战士应在战场上一样。”我在美国定居后,虽然没有从事文学方面的研究工作,但李老师的教诲使我终身受益,使我在追求学问与知识的路上,“衣带渐宽终不悔”。

“师者,所以传道授业解惑也。”这就是李老师的写照。

感谢我永远的恩师李志清。

Quelques mots venus de France

Xavier, Julien, Olivier

Xavier :

Monsieur Li a été le bienfaiteur（贵人）qui m'a permis de partir pour la première fois en Chine en 1999 alors que j'avais seulement 25 ans. Il fait aujourd'hui partie de ma famille de cœur. Comme le dit un proverbe chinois, il faut se souvenir de la source de l'eau que l'on boit 饮水思源. C'est pourquoi je pense toujours à lui dans ma destinée avec la Chine. Nous avons dirigé tous les deux pendant 4 ans de 2009 à 2013 l'Alliance Française de Qingdao qui a été très active et dynamique à cette période pour diffuser la langue et la culture françaises. Dans les discussions avec mes amis proches comme Olivier et Julien, l'esprit de M. Li est toujours une source d'inspiration. Quand on discute avec M. Li' on finit toujours par voir les choses sous un autre angle. J'ai été très heureux de contribuer à la remise de sa décoration de Commandeur des Palmes académiques en 2014 à l'occasion du cinquantenaire des relations diplomatiques entre la Chine et la France, car M. Li est avant tout un ami de la culture française !

沙玮：

李先生是我的贵人，正是因为他，我在1999年第一次来到中国，那年我25岁。他是我最爱的家庭成员中的一员。正像中国成语所说的那样——饮水思源。这就是为什么讲到我和中国的渊源时必定会想到李先生。我们从2009年至2013年共同负责青岛法语联盟，达四年之久。其间，他积极传播法国语言与文化，总是充满朝气。我与我的至交奥利维埃(Olivier)和于连(Julien)交谈时，李先生的思想往往成为我们的灵感源泉。每每与李先生讨论问题，他对于事物的看法往往促使我们换位思考。我非常荣幸促成了他在2014年(中法建交50周年)荣获金棕榈统帅勋章，因为他是一位法国文化之友。

Xavier，曾在山东大学和中国海洋大学任教，先后在法语联盟(济南)和法语联盟(青岛)任法方校长，著有*Fragments et Fils*一书。

Julien :

Début octobre 2001 : M. Li m' accueille *à* l' Université océanique de Qingdao. J' ai 28 ans. Je débarque de France. Nous allons travailler deux ans ensemble, deux années au cours desquelles nous allons fonder un petit journal francophone écrit par les étudiants du département de français. Durant ces deux années, M. Li me fera sentir l' importance et la subtilité des relations interper' sonnelles en Chine lorsqu' on veut réaliser quelque chose. Depuis, j' ai toujours plaisir *à* revoir M. Li, et quand on ne peut pas se rencontrer, j' ai des nouvelles régulières par Xavier. M. Li a été mon directeur, mon professeur et il est aussi un ami. Je me remémore souvent la réponse malicieuse qu' il faisait *à* mes questions parfois trop directes sur la mentalité chinoise : “Pas vraiment, mais quand même.” Cher M. Li, je te remercie, non pas quand même, mais vraiment !

于连：

2001年10月上旬，李先生在青岛海洋大学接待了我，那年我28岁，来自法国。我们一起工作了两年，这期间李先生让我负责编辑一份法文小报，文章均由法语系学生撰写。李先生使我认识到中国人之间那细腻的情感以及这种情感对促成意愿的重要性。每次见到李先生，我和他总是相谈甚欢。无缘相遇时，沙玮(Xavier)总是能带来李先生的信息。李先生是我的领导，是我的良师，也是我的益友。我常常会回忆起他那“狡黠”地回答：“不完全，但或多或少。”亲爱的李先生，谢谢你，但不是或多或少，而是完全的！

Julien，曾在中国海洋大学任教，现在比利时中学任教。

Olivier:

Petit à petit Monsieur Li est devenu un indispensable de notre groupe amical. Nous sommes devenus des frères jurés. Je me souviens toujours des " phrases à réfléchir " de M. Li :

" Olivier n'a qu'une seule qualité, il m'aime beaucoup !"

" Olivier : beaucoup de qualités, très difficiles à utiliser !"

奥利维埃:

李先生逐渐成为我们朋友圈中不可或缺的一员,我们似乎也成为结拜兄弟。我常常回味李先生那令人专精覃思的句子:

"奥利维埃的唯一优点就是很喜欢我!"

"奥利维埃优点多多,但难于落在实处。"

Olivier,法国昂热水暖工,李志清教授的好友。

附录

附录一　李志清主编或主审的教材

2022年主审《新时代简明法语(初阶)》,高等教育出版社

2022年总主编《新大学法语—3》(第三版)(国家“十二五”规划教材),高等教育出版社

2021年总主编《新大学法语—3》教学用书(第三版)(国家“十二五”规划教材),高等教育出版社

2021年总主编《新大学法语—2》(第三版)(国家“十二五”规划教材),高等教育出版社

2021年总主编《新大学法语—2》教学用书(第三版)(国家“十二五”规划教材),高等教育出版社

2021年总主编《新大学法语—1》教学用书(第三版)(国家“十二五”规划教材),高等教育出版社

2020年总主编《新大学法语—1》教师用书(第三版)(国家“十二五”规划教材),高等教育出版社

2020年主审《新时代简明法语(入门)》,高等教育出版社

2018—2022年主审《直通法国留学教程(听说)》4册,《直通法语留学教程(读写)》4册,高等教育出版社

2014年主审《法语听力与会话》3册,高等教育出版社

2014年主审《新大学法语简明教程》1册,高等教育出版社

2012年主编(考试命题组组长)《大学法语4级考试大纲》,高等教育出版社

2011—2012年总主编《新大学法语(第二版)1～3册学生用书、1～3册教师用书》(国家“十二五”规划教材),高等教育出版社

2008年主编《大学交际法语——交际与实践》,高等教育出版社

2008年主编《大学交际法语——语法与实践》,高等教育出版社

2008年主编《20世纪法国文学》(国家“十一五”规划教材)北京大学出版社

2003—2004年总主编《新大学法语》学生用书4册,教师用书2册,(国家“十五”规划教材),高等教育出版社,

2003—2004年总主编《新世纪大学法语》(学生用书3册,教师用书3册),外语教学与研究出版社

2002年主编(任大纲组组长)《大学法语教学大纲(第二版)》,高等教育出版社

1998—1999年主编《新核心法语》3册,西南交通大学出版社

1996—1997年总主编《大学法语》4册,高等教育出版社

1994年主编(任大纲组组长)《大学法语教学大纲(二外)》,高等教育出版社

1992年主编(任大纲组组长)《大学法语教学大纲》,高等教育出版社

1990年主编之一《立体化英语》,山东大学出版社

1990年主编之一《英汉翻译教程》,山东大学出版社

1989年主编《核心法语》2册,西南交通大学出版社

附录二　参与编写教材的学校

国内大学

(1)山东大学
(2)中国海洋大学
(3)北京大学
(4)北京外国语大学
(5)中国石油大学(华东)
(6)首都师范大学
(7)外交学院
(8)黑龙江大学
(9)四川外国语大学
(10)上海交通大学
(11)西安交通大学
(12)西南交通大学
(13)北京交通大学
(14)华中科技大学
(15)北京邮电大学
(16)山东师范大学
(17)河南师范大学
(18)曲阜师范大学
(19)浙江师范大学
(20)青岛大学
(21)烟台大学

(22)鲁东大学

(23)临沂大学

(24)潍坊学院

(25)滨州学院

(26)郑州航空学院

(27)越秀外国语学院

国外大学

(1)巴黎大学

(2)南特大学

(3)西布列塔尼大学

附录三　精品课程介绍*

《大学法语》

所在学校:中国海洋大学

课程层次:本科专业分类体系

课程类型:专业基础课—理论课(含实践)

所属一级学科名称:文学

所属二级学科名称:外国语言文学

课程负责人:李志清

课程发展的主要历史沿革

1992年5月初我国颁布了《大学法语教学大纲》。该大纲明确规定:"大学法语的教学目的是培养学生具有一定的阅读能力,初步的听、说、写与笔译的能力"。

随着时代的发展,中国大学法语教学课程设计逐渐显露出弊端,其最为要害的部分即不注重学生实际语言能力的培养。为此我们按照如下步骤,逐步推进课程改革。

1.进行课程调查

课程教学大纲的确定是在充分调查研究的基础上确定的。在调查中共发出调查问卷1000余份。经过三次全国性的随机考察或定性考察,对几千名学生进行了测试。调查结果表明中国学生的阅读能力强于其他能力,而其中语言表达能力远远低于语言接受能力。语言接受能力只是相对较强而已,落后的表

*节选自中国高等教育学会编《中国高校国家精品课程——文学类》,北京大学出版社2008年版;收录此处时略有改动。

达能力反过来又约束了接受能力的发展。鉴于如上调查得出的结论，课程组决心在发展学生的实际语言能力上下功夫。

2.确定语言共核教学

在有限的学时内使学生的实际能力得到最充分的培养，就必须确定语言共核，以便使单位学时得到最充分的利用。由于人力和条件的限制，语言共核的确定无法在语料库的基础上进行。课程组决定采取在国内外已经取得的成果的基础上(将之视为语料库)进行筛选得出适合我国国情的语言共核。

语言共核包括如下几个方面：基础词汇、基本语法项目、常用功能与意念项、基本微技能项。

经过一年多的努力，终于确定了我国第一部不仅有定性指标而且有定量指标的教学大纲，并由高等教育出版社出版。

3.编写符合实际调查与课程组确定的语言共核的教材

在上述工作的基础上开始编写教材。由于教材是在上述科学研究的基础上进行的，因此具有科学性和普遍性。经过使用，教材得到广大教师和学生的普遍欢迎，因而也得到大学外语教学指导委员会法语组的认可，很快被确定为全国统编教材。"十五"期间被确定为国家"十五"规划教材，之后又被评定为国家"十一五"规划教材。

2004年本课程被评为山东省精品课程。

2005年以李志清为负责人的教育部大学法语教学文件及系列教材被评为国家优秀教学成果二等奖；2006年本课程负责人李志清被评为山东省教学名师；以李志清为负责人的教学团队被评为山东省优秀教学团队。

教学内容

1.本课程在专业培养目标中的定位与课程目标

教学思想的转变：传统的教学十分重视精讲细练，认为只有如此方可练得一身过硬的基本功。在教学的过程中以语法教学为纲，以培养阅读能力为最主要的教学目标，以翻译法为最可靠的检验手段。按照上述教学思想确实为国家培养了许多优秀的外语人才。历史上的外语主要用在书面翻译或是口头翻译上，但如今有更多的机会用外语进行直接交流。根据这种外语学习目的的变化，我们适时调整了外语教学思想。经过数年的摸索调整为：以用外语直接交际为目标,在外语教学的过程中以语言交际为主要手段。如此,语言教学不再是为语法而设计课文,而是在语言交际训练的过程中对出现的语法现象进行讲解和操练。这一教学思想的变化使课程名称、结构、教学方法和教学手段都发生了巨大的变化。

2.知识模块顺序及对应的学时

根据上面的分析我们对课程进行了全新的设计。大学法语课程包括三类:

(1)法语基础。这一部分表面上与传统教学有许多共性的部分,但实际上在进行基础教学时已经贯彻了交际教学的许多原则。

(2)在法语基础教学的基础上对如下技能:口头理解与表达、法语写作、笔译和口译等薄弱技能进行重点训练。

3.文化知识

在教学的全过程始终注重法国与法语区的文化(多媒体教学)、文学、历史、经济、政治等知识的传授。

根据如上分类而设计的课程体系就使教学目的十分清晰,而不同的教学目的就需要不同的教学方法。语言是一个共同体,很难确定具体的学时分配。在学习的初期更注重语言共核,之后语言技能的训练逐步加强。

4.实践教学的设计思想与效果

大学法语教学本身即是一门实践性极强的课程,因而除了课堂授课之外,依靠教学课件可以解决30%~40%的实践要求,除此之外,本课程组还经常组织法语角、电影晚会、法语歌曲比赛、法语小剧表演等活动,极大地提高了学生的学习能动性。

教学条件

1.教材建设得到学校教务处的大力支持,列入国家规划的教材都可以得到较大的财力支持,因而本课程的所有主干教材和辅助教材均为本课程组成员主编或参与编写。

已经出版的教材:

《新大学法语》(“十五”与“十一五”国家规划教材),李志清总主编,高等教育出版社。

《新世纪大学法语》(“十一五”国家规划教材),李志清主编,外语教学与研究出版社。

《大学法语教学大纲》(李志清受教育部委托负责组织编写),高等教育出版社。

《大学法语考试大纲》(李志清受教育部委托负责组织编写),高等教育出版社。

正在编写中的教材:

《新大学法语听力教程》,李志清总主编,高等教育出版社。

《新大学法语阅读教程》,李志清总主编,高等教育出版社。

2.设备:本课程的教学实践得到了学校的支持,各类语言实验室和多媒体教室的使用为教学提供了有力的现实条件。各种音像材料以及多媒体课件的发行使用使得教学得以顺利地展开。

3.网络及国外电视的利用:本课程相关材料均已实现网络共享,保证学生可以方便地获取信息。另外,学校还为课程组配备了能够接受多个法国电视台的卫星电视,提供了得天独厚的条件。

教学方法与教学手段

交际法和传统教学法的结合以及教学辅助手段的充分利用:

1.主要教学方法

(1)以学生自主活动为主(成对或分组讨论,或全班集体回答),教师主要起组织课堂的作用。

(2)注重多媒体的使用,以期达到教学生动活泼以及“光声电”全面刺激的目的。

(3)注重学生的课后自主活动(组织“家乐福”演讲比赛和“澳柯玛”法语歌曲比赛等,组织法语角、法语歌曲比赛、法语讲座、法语电影晚会等)。

(4)培养学生的创造性,如:编写出版法文版“海洋之声”。

2.教学大纲及教案

教学大纲采用本课程负责人李志清教授受教育部委托而组织编写的《大学法语教学大纲》(高等教育出版社,2002年出版)。课程组十分注重学生的课后自主活动。

3.多媒体课件的制作

教案的制作与多媒体的制作密切相关,许多教案部分也是多媒体的一部分。多媒体课件的制作完成标志着本课程在先进教学手段应用上的又一突破。

4.有关网络化等情况

本课程有关材料已经实现网络化,在网上可以查到我们比较详细的教案和示范教学。

课程主要特色

本课程的主要特色如下:

(1)教学大纲、教材和考试大纲均是国家教育部委托编写的,而且经过了大学外语教学指导委员法语组审定,因而代表了国家的水平,教学文件和教材在2005年获得了国家优秀教学成果二等奖。

(2)本课程代表了国内大学法语的发展趋势,初步改变了大学法语教学理念(由语法教学过渡到交际法教学),为全国大学法语教学改革奠定了坚实的基础。

(3)多媒体课件的制作是国内法语界的突破。

课程负责人介绍

李志清,二级教授,中国海洋大学西语系主任。法国巴黎七大、雷恩第二大学、西布列塔尼大学等6所大学的客座教授,西布列塔尼大学和马赛第一大学博士论文指导教授。连续3届担任高等学校外语教学指导委员会副主任和大学法语4级考试命题组组长。

2005年李志清教授获得教育部优秀教学成果二等奖,2006年以李志清教授为第一负责人的"大学法语"被评为国家精品课程,2006年李志清教授被授予山东省教学名师称号,2007年以李志清教授为带头人的教学团队被评为山东省优秀教学团队。

李志清教授先后被法国政府授予金棕榈骑士、军官和统帅勋章。在国内外发表语言学和文学论文数十篇,出版教材和专著20余部。

附录四 近五年国内外讲座清单

法国政治与历史

法国的没落与法国思想的枯竭（国内）

Le Déclin de la France et la crise de la pensée

法美关系对中法关系的启示(国内、国外)

Les Relations franco-américaine et la réflexion sur celles entre la Chine et la France

马克龙——截然不同的文化观(国内)

Alter－ego d'Emmanuel MACRON － Une autre vision culturelle

法兰西学术院——神圣的背后(国内)

Le Quarante et unième Fauteuil

法国精神(国内、国外)

L'Esprit français

黄马甲运动(国内)

Le Mouvement des Gilets jaunes

影响法国的沙龙女贵(国内)

Des salons importants présidés par des femmes qui ont influencé la France

法国文学与比较文学

荒诞的世纪、荒诞的文学——20世纪法国文学回顾(国内、国外)

Le siècle absurde et la littérature absurde － La littérature du XXème siècle

理性与非理性——法国文学的主线(国内)

Le rationalisme etl' irrationalisme － la littérature française

谢阁兰的中国情结(国内、国外)
Le Complexe de la Chine de Segalen
谢阁兰之死(国内)
La Mort de Segalent
法国浪漫主义文学(国内)
La Littérature romantique de la France
伏尔泰与中国(国内、国外)
Voltaire et la Chine
夏多布里昂与雨果的浪漫主义解析(国内)
Le romantisme de Chateaubriand et celui de Victor Hugo
雨果与《悲惨世界》(国内)
Victor Hugo et *Les Misérables*
雨果与海洋文学(国内)
Victor Hugo et la littérature maritime
巴黎文学漫步(国内)
La Promenade littéraire *à* Paris
法国的海洋文学(国内)
La Littérature maritime de la France
航空文学(国内)
La Littérature aérienne
葡萄酒、诗歌与音乐(国内)
Le vin, la poésie et la musique
都德及《最后一课》在中国(国外)
Alphonse Daudet et *La dernière Classe* en Chine

中国与世界——讲中国故事

"通"则双赢,"堵"则零和博弈(国内)
"通" gagnant gagnant, "堵" un jeu *à* somme nulle
中国文化要义(国外)
Le cœur de la culture chinoise
中国思想的三个来源(国外)
Les trois Ressources de la culture chinoise

中法诗歌比较研究(国外)
L'Etude comparative de la poésie française et chinoise
中国诗歌及诗歌美学(国外)
Les poèmes chinois et l'esthétique poétique
从儒家思想到全球化(国外)
Du Confucianisme *à* la mondialisation

教学与教学研究

中国二外法语的教学法(国外)
Méthode d'enseignement du français, seconde langue étrangère, en Chine
法语学科导论(国内)
法语的发展与变化——法语简史(国内)
口译理论与实践(国内)
法语与法国研究的基本方法(国内)
法语教学法研究的基本方法(国内)
教材编写理论与实践(国内)
测试学与大学法语四级考试(国内)
大学法语现状、危机与应对方法(国内)